坂東眞理子

# 与える人

## 「小さな利他」で幸福の種をまく

三笠書房

# はじめに

あなたは、「与える人」より、「与えられる人」のほうが幸福で成功すると思っていないでしょうか。

しかし、それは愛するより愛されるほうが幸せだと思うのと同じように、私たちの思い込みかもしれません。

「与える」ことが相手にとってだけでなく自分にとっても幸せをもたらす、それは人を愛するのと同じように自分も相手も幸せにし、社会を温かく住みやすくするものだ、と伝えたくて、私はこの本を書きました。

私たちの悩みの多くは、「自分の利益は自分で守らなければならない」「他人のことより自分が大事」「少しでも自分の損になること、犠牲になることはしたくない」という気持ちにとらわれているところから生まれます。

でも、自分中心主義からちょっと離れ、周囲や他者の問題に少し目を向けると、視野が広がり自分の心が解き放たれます。

「経済万能」の考え方に私たち自身が染まってしまっているのも問題です。利益が上がらないことは行なう価値がない、自分が少しでも得するにはどうすればよいか、自分の企業が利益を上げるにはどうすればよいか、自分の権力を保持するにはどうすればよいか、そうした利己的な考え方がいろいろな争いや対立を生んでいます。

いまこそ自分たちの利益だけを追求しないで、少し視点を広げることが、思いやりのある社会、持続できる社会をつくるのではないかと思います。

もちろん、現代にはびこる利己的な風潮は急には変えることができません。一人ひとりの個人がどう考えるか、どう行動するかで少しだけ変わっていきます。自分だけではどうしようもないとあきらめて現在の風潮にしたがっていると、何も変わらず、悪くなっていく一方です。

そこで、自分たち一人ひとりの考え方や行動をどう変えたら自分も社会も少しでもよくなるのか、毎日の暮らしをどうすればよいのか、具体的な方法はないかを考えてみました。

いきなり「与えなさい」「貢献しなさい」「利他的な行動をしなさい」といわれても、そのとおり行なうのは無理ですが、多くの人が「たまに」「思い出したときに」「無理のない範囲で」行動をはじめることが、現実の社会を変えていくのではないかと思います。

そのヒントとなる一〇のポイントをまずは挙げてみます。

**①他者の役に立つ――「ちょっといいこと」を行なうと自己肯定感が上がる**

**②自分がいままでに受けた親切、世話を思い出し、感謝する**

**③ほかの人の長所、努力、成功を発見し、褒める**

**④多様な人の立場や困難を想像し、共感する**

**⑤与える力（与援力）、助けを受ける力（受援力）、助けを求める力（求援力）をつける**

**⑥「健康寿命」をのばすだけでなく、「貢献寿命」をのばすことを目指す**

**⑦節約、貯蓄だけでなく与え、投資する賢いお金の使い方をする**
**⑧食欲、所有欲、名誉欲などの欲望に振り回されない**
**⑨他者を励ます――すると、自分が励まされる**
**⑩家族、友人を大切にする気持ちを言葉や行動で表す**

一番伝えたいのは、与えることで自分が犠牲になったり利益が損なわれたりするわけではない、人によかれと思って行なうことが結果として自分や社会を幸せにする、ということです。

この本が少しでもみなさんのいい人生をつくるのに役に立つよう願い、あなたのまわりが温かい社会になることを祈っています。

坂東眞理子

# 目次

## 2章

# 「共感力」が人を動かす

## ◎「利他心」をつくる10のポイント

# 3章

# 「本当の幸せ」はどこにある？

## ◎お金のこと、仕事のこと、将来のこと

# 4章 人とのキズナを見つめ直す

## ◎「幸せの輪」を広げてゆくヒント

編集協力／竹石　健（未来工房）
本文ＤＴＰ／株式会社Ｓｕｎ Ｆｕｅｒｚａ

# 1章

# 「与える人」こそ恵まれる

## いい人生をつくる「小さな利他」のすすめ

# 「ちょこっといいことしたな」を積み重ねる

私は仏教の「三尺三寸の箸」のたとえが、気に入っています。

三尺三寸とは約一メートル。こんな長い箸で食べ物をつまみ、口に運ぶのは困難です。なかなかつまめなくて苦労し、やっとつまんでも、それを自分の口まで運ぶのも大仕事です。

ところがその長い箸で、ほかの人の口に食べ物を運んであげることなら容易にできます。自分では食べるのは難しくても、人に食べさせてあげる。そうすれば相手も「そうか」とわかって、今度は相手が長い箸でつまんだ食べ物を、自分に食べさせてくれます。

こうしてお互いに、ｗｉｎ－ｗｉｎ（助け合い）の関係が成り立つのです。

この仏教の説話では、地獄の餓鬼たちは三尺三寸の箸があっても、自分だけが美味しい食べ物を食べようと悪戦苦闘し、ほかの人がうまくいくのを妨げるので、みな飢えに苦しんでしまいます。

極楽では反対に、お互いに相手に食べさせてよろこんでいるので、みんなが美味しいものを食べられて幸せだ、という説話です。

とはいえ、自分が食べさせても、「相手がお返ししてくれるかどうかわからない」「相手だけ食べて、お返しもせず食い逃げされるかもしれない」「食べ物が十分ないなかで、相手にあげたら自分の分が残らず、返ってこなくてよいのか」など、いろいろな意見があるでしょう。そんな〝お人よし〟では、厳しい生存競争社会では生き抜けない……そう考える人のほうが多いかもしれません。

たしかに他人は、自分の期待したとおりには行動してくれません。だから、相手が自分の期待したとおりの「お返し」の行動をしてくれるはずだと思うのは間違いです。

それでも「他人にいい思いをさせてなるものか」「自分が少しでも損になることはしない」と思って自分の利益だけを考えて行動していると、他人がうまくいっているのが腹立たしくなります。悔しくて邪魔したくなります。

しかし、自分の利益を守ろうと必死になっていると、地獄の餓鬼のように、じつは自分が一番悔しい思いをすることになるのです。

対照的に、極楽の住人のように「ほかの人をよろこばそう」「ほかの人がよろこぶとうれしい」と思って行動していると、お互いによろこびが増してきます。相手によかれと思って行動していると、すぐには効果が見えなくても、思いがけないときに恵まれることがあります。他人によかれと思い、他人のことを考えて行動することが、結果的に自分の幸せを増やしてくれるのです。

## 「たまには、ほかの人のことを考える」ことから

「忘我利他」というのは、最澄（天台宗の開祖）の言葉とされています。「自分のこ

とを忘れて他者のために尽くす」という意味です。

でも、そのような境地に至るには、最澄のように悟りを開いたえらい宗教家だから可能なので、自分たち凡人にはとうてい無理と思ってしまいます。

そこで、いきなりそんな高い境地を目指すのではなく、できる範囲で他者に尽くす、いつも自分の利益を最優先にしないで、たまにはほかの人のことを考える……そのレベルからはじめるのが現実的です。

自分が生きるために、目の前のえさに飛びつくのは、すべての動物の本能です。でも、ときにはその欲望のままに行動するのではなく、少ない食べ物を家族や仲間と分かち合う。ちょっとまわりを見て、もっと必要としている仲間がいると気づいたら、少し分けてあげる。いま食べることのできるものをすべて食べ尽くしてしまうのではなく、若い芽や、まだ成熟しきっていない若い実を、将来のために取らずにおく、あるいはタネとしてまく——。

これが本能だけに振り回されない人間の理性です。

長い目で見ると、自分の欲望を少し抑えることが大きな収穫をもたらすことにつながります。利己心を少し抑えて節制した結果、人類は生き延び、繁栄してきたのです。

お箸の話からはじめたこともあって、食べ物ばかりを例に挙げましたが、食べ物だけではありません。

事業に際しても、自分ばかり儲けよう、利益を上げようとするのではなく、協力して働いてくれる人を大切にし、お客さんによかれと思うことをする、将来のために投資をすることが、長い目で見て事業が繁栄し、持続的な利益を生みます。

自分の利益を増大させるために有名人や権力者と知り合い、相手を利用しようとする姿勢では、かえって警戒され、評判を悪くしてしまいます。

「わかった、理想論としてはそのとおりかもしれない、でも現実に利他的に行動するのは難しい」と思う人が多いかもしれません。たしかに人間は目先の利益に飛びつきます。美味しいものがあったらむさぼりたくなります。異性には自分だけよく思われたいと思うのが自然の感情です。

そんなふうに、自然の感情や欲望に負けて、利己的な行動を取ってしまうのを完全になくすことはできません。だから、しかたがないとあきらめてしまわないで、意識して自分の自然な欲望——煩悩を少しだけコントロールするよう努めることです。これが人間の優れているところです。

ほんの少しだけでいいのです。少しだけ利他的に行動していると、自分も幸せになり、ひたすら利己的に行動している以上に幸せになれるのです。

いつもいつも利他的な心を持ち続けるのは不可能でも、一日に一度だけでも「今日は何か人のためによいことをしただろうか」と振り返ってみる。「自分でも何かできることがあるかな」と、たとえば、お風呂のなかで考えてみたり、布団に入って眠る前に考えてみたりする。

こんなふうに意識すると、必ず、自分がほかの人にやってあげられることがあるのに気づきます。気づけば行動することができます。それが習慣になると、すばらしい結果が生まれるはずです。

# 「誰かの役に立つ」という大きなよろこび

多くの人は、「世のため人のために尽くすのはよいことで、他者に貢献する人が多ければよい社会になる」とわかっています。

でも多くの人は「仕事や家族の世話で手いっぱいで、自分にはとてもその余裕はない」「社会や人のために貢献していると、自分のなすべきことがおろそかになってしまう」と考えがちです。「まず自分の義務を果たすのが優先。余裕ができたら社会や困っている人に手をさしのべよう」というのが多数の考えでしょう。

あるいは、「自分のなすべきこと、たとえば仕事や子育てを成し遂げた高齢者が、社会に貢献するのはよいことだが、若い人、働き盛りの人は、そんな悠長なことなどをする前に、自分自身が成功するよう努力するのが先だ」「社会貢献なんて大資産家で余裕のある人がすべきだ」と考える人もたくさんいます。

しかし現実には、どんな年代の人でも、他者に貢献できます。まだ自分が十分に成功していなくても、他者や社会に貢献すればするほど、自分が幸せになるのです。

まわりの人に対する感謝の言葉を発する、相手のミスや至らなさを許す、上機嫌にふるまって周囲の人の気持ちを明るくする、なども立派な社会貢献の「かたち」です。どんな形でも社会貢献をするほど、本人も幸せになるのです。

ところが、そうした「与える人」に対して「売名的」「偽善的」と批判する人や、「結局、自己満足のために行なっているのだろう」と足をひっぱる人もいます。59ページで紹介するケント・M・キースの言葉のとおりです。

しかし、それでくじけないでください。批判をおそれていると何もできません。批判している人は嫉妬しているのです。のちに紹介する、日本が「人助け指数」で世界最低グループというのは、「与える人」を悪くいい、悪くいわれるのをおそれて自分は与えない人が多いからだと思います。

## 「貢献」から得られる最大の報酬

「幸せ」の定義はいろいろあります。健康であること、愛する人がいること、家族や友人と心が通じること、仕事で成功すること、経済的に困らないこと、有名になること……それらはすべて「幸せ」なことです。

それでも、いつもいつも幸せということはなくて、どんな人にも自分や家族が病気になったり、仕事が順調にいかなかったり、友人に裏切られたりなどの苦労は、必ずついて回ります。

そんなときに、ものの見方を変え、気持ちが落ち込んだり自暴自棄になったりするのを防ぐことができる、いわば「レジリエンス」（復元力）を持っているのが「幸せな人」なのです。

たとえば、毎日仕事をしっかりこなしていても、仕事の意義が納得できず疲れる、面倒だ、苦労が多い、やりたいことができない、といった受け止め方をすると、とても幸せな気分ではいられません。

でも、仕事をしているおかげで収入がある、仕事で知り合いができる、仕事を通じて世の中の役に立っている、税金や保険料も納付して社会に貢献している、というように、ちょっと見方を変えれば、幸せな気持ちになります。

あるいは、家族や友人が病気になった場合、その世話をするのは大変ですが、悪いことばかりではありません。相手から感謝されると、自分が愛する人を支えているという実感が湧いてきます。それが自分を幸せにします。

自分の行動が相手の役に立っている、社会を支えていると思える気持ち（自己効力感）こそが、「貢献」ということから得られる最大の報酬です。

それだけではありません。あとで触れるように、社会貢献をしていると「貢献寿命」がのび、健康寿命ものびるのです。

稲盛和夫さんや松下幸之助さんのように大成功した経営者は、「事業を通じて人々に便利で豊かな生活を提供するために、安くてよい品質のものをつくって顧客の役に立とう。そして社会に貢献しようとしたから成功したのだ」と語っておられます。

反対に、「どんな手段を使っても金儲けをしたい、利潤を上げたい、人に注目されたい」というきわめて利己的な動機で事業をする経営者は、エネルギーがあるので一時的には成功するかもしれませんが、長期的には顧客の支持も得られず、社員のやる気も高めることができず、なかなか成功することができません。

もちろん、どれだけ動機がよくても、経営者として高い品質のモノやサービスを提供し、コストを削減していかなければ成功できないのは当然ですが、動機が利己的で不純だと、一時的にはうまくいっても持続的成功は難しくなります。

つまり社会貢献は、人の志を集め、チームの力を高める最大の旗印になるのです。稲盛さんや松下さんのような大経営者でなくても、何か仕事をするときに外部からの支持を集め、内部の人の気持ちを高めるのは、仕事を通じて社会貢献しようという志です。「利益」は投機家をひきつけるだけです。

そして何よりも、自分を奮い立たせるのは、自分の仕事が社会をよくし、誰かの役に立っているという「手ごたえ」を感じるときです。

その手ごたえが、自分は生きている価値があると実感させてくれます。

## 「利他主義」は自分に返ってくる

「利他」というと、「自己犠牲をいとわず他人に尽くす」ことだと勘違いされている傾向があります。

でも、そうではありません。むしろ自分を粗末に扱う人は他人も大事にできないのです。反対に、自分を大切にし、自分に力がつくと、他者も大事にしようと行動できるようになります。

いうまでもないことですが、「自分を大切にする」とは、自分の好みや主義主張を振り回したり、わがままを通したりすることではありません。自分の体を傷つけたり、健康を損なったりする行動をしないことはもちろんですが、自分のできることを増やしていくこと、知らなかったことを知りたいと学ぶこと、これらが自分を大切にする行動です。そして自分が力を持てば持つほど人を助ける力（与援力）がつきます。

マズローというアメリカの心理学者は、人間の欲求には五段階あり、生理的欲求、安全欲求、所属欲求、承認欲求とだんだんレベルが高くなる。一番幸せを感じるのは「自己実現をしたとき」としています。たしかに難しいことを成し遂げたとき、自分の能力を最大限に発揮したとき、人は大きなよろこびを感じます。それはみなさんも実感していると思います。

私は、アメリカで起業が盛んな原因のひとつには、「大きな組織に所属して安定した人生より、能力のありったけを振り絞って、自分で起業し成功させ、自己実現する人生に価値があり、幸せなのだ」とする、マズロー心理学の影響があると思っています。

ところが最近の心理学では、こうした「自己実現」以上に人が幸せを感じるのは、他人の役に立ち、感謝されたとき、という説がとなえられています。自分がしたことが誰かの役に立ったということが、何より大きな満足をもたらすというのです。「自己満足」といえばそうですが、「自分はいいことをしたんだ」「自分がしたことがほかの人の役に立っているんだ」と実感すると、心の底から満足感、幸福感がこみあげてきます。

私は大学を出て国家公務員になりました。現在では国家公務員は人気のない仕事になってしまい、学業成績の優秀な学生は外資系コンサルタントなど、給料の高い仕事を選ぶようになっています。

しかし、私が公務員になったころは、給料は安く長時間労働でも、「自分たちが日本の社会や経済をよくする仕事をしているのだ」「困っている人を助ける仕事をしているのだ」と誇りを持って働いている人が多くいました。

私自身も「女性が差別されない社会をつくらなければならない、それは私たちのためだけでなく、これから生まれてくる女の子たちのためにもやらなければならない仕事だ。それが結果として日本の社会を活性化させる。公務員としてそうした仕事ができるのは本当に幸せだ」と心から思って働いていました。

## 人が最大限に「モチベーション」を上げるとき

現在、多くの企業が「パーパス経営」をとなえるようになりました。企業は、金儲けをして株主の利益を最大化するために事業をするのではなく目的（パーパス）を明らかにしなければならない、社会をよくするために、社会に役に立つ活動をし、地球環境を守り、顧客や従業員の幸せのために存在しているのだ、という姿勢が、社会から求められるようになってきたのです。

「利益を上げる」という利己的な目標だけを追求していると、社会からの応援が得られません。企業の製品やサービスを愛用してくれる人はいなくなり、売り上げは上がらず、入社しようという人も減って、結果として事業はうまくいかなくなります。

もちろん、いくら立派なパーパス経営を掲げている企業でも、提供する製品やサービスの質が悪かったり、値段がとても高かったりすると、顧客の支持は得られません。一定以上の質の製品やサービスを提供するための努力や投資は欠かせませんし、いまでにない画期的な製品やサービスを提供する研究や開発も必要です。

そうした投資を続けるためにも、いや、企業が存続していくためにも、利益は上げなければなりません。しかし、利益だけを目指していると孤立してしまいます。

これは個人でも同じです。「自分だけ得しよう」「自分だけ成功しよう」「自分だけ成果を上げよう」と行動している人には周囲が反発し、心から協力してくれないものです。

そうかといって、とても人柄がよく、周囲の人や社会のことを考えて行動していても、本人の知識や経験が乏しく、スキルもなく、判断力も頼りないということになると、やはり協力する人も信頼してくれる人もいないでしょう。

自分が力を持つこと、人を助ける力を持つように自分を向上させることがまず必要なのは、いうまでもありません。勉強してよい学校に入る、難しい試験に合格するというのも、それだけが目的ではありません。合格した結果、専門知識を身につけ、さらに向上の機会に恵まれ、「社会に役に立つ力」を持つことが重要なのです。

昔、日本が貧しい時代には、苦労して育ててくれた親にラクをさせたい、自分が成功して家族を幸せにしたいと、頑張って勉強したり、働いたりした青少年がたくさんいました。私は最近、ベトナムやイランでそんな青少年たちに出会い、感動しました。きっと彼らのほうが、「自分だけ得しよう」「自分だけ成功しよう」と思っている日本の青少年より勉強や仕事のモチベーションが高く、努力するのではないでしょうか。

私もこれまでたくさんの本を書いてきましたが、たくさんの人に読んでもらえる本が書けたとき、あるいは、自分のいいたいことを言葉でうまく表現できたときは、「やったぞ」とよろこびがこみあげてきました。これがまさに「自己実現」「自己満足」の段階です。

それ以上に、読者から、「何回も読み返しています」とボロボロになった本を見せられたり、「自分の人生のバイブルとして励まされています」といっていただいたりすると、「ああ、この本を書いてよかったな」と、しみじみと幸せを感じます。本当にありがたいことだと、感謝の気持ちでいっぱいになります。

# あの人への感謝、忘れていませんか？

「利他心は社会にとっても自分にとっても役に立つ」「みんなが利他心を持つようにしなければならない」と述べてきましたが、それでも「お説教はいらない」「まるで宗教みたい」と反発する方も多いはずです。

人は一人ひとり考え方が違うのだから、それぞれ好きな生き方をすればよいと考えるほうが「かっこいい」のでしょう。

そして利他の行ないをしている人を「自己満足のため」「自分の利益のため」に行なっているのだと、批判するほうが賢いと考えている人もたくさんいます。

企業で働く人たちが「自分の仕事は社会に役立っているんだ」と実感するのは、経営者からパーパス経営についての講演を聴くときではなく、お客さんから「ありがとう、助かったよ」などと感謝されるときだそうです。私も至極同感です。人は誰かに感謝されると「ああ、よかったな」と心からうれしくなります。「もっともっといいことをしよう、役に立つことをしよう」という気持ちになります。でも現実にはなかなか「ありがとう」「助かった」なんていってはもらえません。

一方、私たち自身も日ごろ生活をするうえで、スーパーのレジの人、バスの運転手さん、診療所の看護師さん、宅配便の配達員の方、ごみ収集の方など、たくさんの方々のお世話になっています。

にもかかわらず、そのたびに感謝を表現することはほとんどありません。まず自分から、仕事をしている人に「ありがとう」「助かりました」と言葉に出すことをはじめましょう。

コロナパンデミックの間もこうした「エッセンシャルワーカー」の方たちは、私たちの生活を支えるために働き続けてくれました。コロナがおとなしくなってからも、そうした方たちに「ありがとうございます」といわなければならないのに、ついおろそかにしてしまいます。自分から彼らに感謝することが、利他心を持って働いてくれる人を増やす最大のきっかけになるのですから、私たちはもっともっと「ありがとう」をいわなければなりません。

## 「資本主義」から「志本主義」へ

もちろん、感謝の言葉をかけてもらえなくても、自分は社会に役立っているんだと思うことはできます。仕事で売り上げの数字が伸びていれば、みんなが気に入ってくれるから買ったり、使ったりしてくれるのだと判断することはできます。

また、外部からの評価や褒め言葉に動かされず、自分で納得できるよい仕事をするのが〝本当のプロフェッショナル〟だという考え方も強くあります。

しかし、そうでない場合でも、直接、感謝の言葉をもらえると、自分の尽力が単なる自己満足ではないと実感でき、何よりの励みになります。

私たちが日ごろ、ちょっとしたことに「ありがとう」を発することが、社会のために活動している人の利他心を強化することにつながるのです。

それは、たとえば体が不自由で介護を受ける立場になっても、介護してくれる人に感謝の言葉をかける、話ができなかったら優しい眼差しを向けるだけでも、感謝の気持ちが相手に伝わります。子どもや青少年を育てるときに、親や大人や教師が「ありがとう」という習慣をしっかりつけるようにしたいものです。


多くの方は、「感謝の言葉が相手をよろこばせる」ことはわかっているはずです。それなのになぜ、日常生活であまり聞かれないのでしょうか。

それは、「ありがとう」という習慣がないからですが、それだけではありません。「お金を払っている以上、いいモノやサービスを受ける権利があるのだ」「お金をもらっているのだから客のいうことを聞かねばならない」という考え方がはびこっているからです。

それが現代の「資本主義」の最大の悪弊です。金を払う客は自分を「神様」だと思うのは大まちがいです。ちゃんとした品質のモノを手に入れたり、サービスをしてもらったりするのは〝お金を払っているのだから当然〟ではなく、相手が心を込めて仕事をしてくれるからなのです。

「お金を払うから客はえらい」と自分で思っていると、どれだけ大事にしてもらっても感謝の気持ちが湧いてきません。こうした〝ブラック消費者〟は働く人のやる気を低下させます。これが人のつながりをなくし、人の心をいやしくし、社会を住みにくくしているのではないかと、残念に思っています。

お金が第一の資本主義社会から、相手の役に立ってうれしいという気持ちが通じ合う「志本主義」社会へ。そのカギを握っているのは私たち自身なのです。

# 一緒によろこんであげるだけでいい

ほとんどの人は褒められたり、尊重されたり、共感してもらったりすると、うれしい気持ちになります。それは「自分が大事にされている」ことを実感するからです。

じつは、私は若いころは自分のことにせいいっぱいで、周囲の人に感謝する余裕がありませんでした。勉強する機会を与えてくれた親や、教えてくれた先生のおかげとは想像することができませんでした。

「合格してよかったね」といわれたら「ありがとうございます」と返していましたが、それは礼儀としての言葉のやりとりで、心底から感謝していませんでした（ごめんなさい）。でもその後、人生経験を積むうちに価値観が変わりました。人間として成長したのです。

すばらしい成果が上がると期待してやったのにうまくいかないことも、苦労して成し遂げても評価されない経験もしました。信頼して助けをあてにもしていた人は、いざというときに助けてくれないこともありました。

たとえば、長い時間をかけて本を書いて、自分ではなかなかよいできだと思っていたのに、あまり読んでもらえないこともあります。職場で自分では頑張って成果を上げているつもりなのに、相手には目ざわりだと思われて、うとまれることもありました。やがて私は、人から褒めてもらえないのがあたりまえ、大事にしてもらえなくてあたりまえで期待しすぎてはいけないと、だんだんわかってきました。

でもそんななかで、たまたま褒めてくださったり、大事に思ってくださったりする方もいます。すると、そんな方は特別なのだ、ふつうではない有り難い人なのだと、感謝できるようになりました。

人から大事にしてほしいと願っても、必ずしも相手がその願いをかなえてくれるわけではないこともたびたび経験します。相手には相手の好みがあり、価値観があり、スタイルがあります。こちらが好かれようとしても相手から好かれないことがあります。

こうした経験が続くと、相手に好いてもらう、大事にしてもらう、尊重してもらうのをあてにしてはいけないと考え、好いてもらえる、大事にしてもらえる、尊重してもらえるのはとても有り難いこととわかってきます。

## 「与える人」になる二つの大事なポイント

家族や友人にも期待してはいけない、周囲に迷惑をかけてはいけない、自分の悩みや心配事は一人で解決しなければならないと、多くの人がそう思っているのではないでしょうか。それが現代の人々を孤立させています。

3章で紹介するハーバード大学の成人発達研究では、人間関係の豊かな人と貧しい人との大きな違いは、自分から妻、子ども、友人に関心を持つか、話しかけるか、働きかけるかどうかだといわれています。

人間関係の豊かな人は相手に関心を示し、相手がいまどんな状態なのか、何に関心を持っているのか、何をしているのかを聞こうとするそうです。そして相手が何をしてほしいと思っているかを考え、それに応えるように動くのです。

それにひきかえ、温かい気持ちを抱いている相手にも「相手は自分の悩みなんて関心がないだろう」「自分の悩みを知らせてわずらわせてはいけない」「自分の問題は自分で解決しなければならない」と思い込んで遠慮している人の人間関係は貧しくなり、孤立していきます。

私も年を取って少し経験を積んだ結果、相手にどう思われるか迷ったり、遠慮したりせず、自分がいってあげたいことは伝えるほうがよい、と考えるようになりました。すばらしい仕事ぶりの人に対しては、「すばらしい」と言葉に出す。頑張って成功したら一緒によろこぶ。「きれいだ、似合っている、ファッショナブルだ」と思ったら、それを言葉で伝える。遠慮して黙っているのはもったいない、と。

そんなふうに気持ちを切り替えたら、とてもラクになりました。そのうちに、相手が失敗して苦しんでいるときはそっとしておく、一緒に苦しみすぎないことも大事、そんなこともわかってきました。

・自分が相手にしてあげられることはなんだろうと考えて行動する。
・自分にはたいしたことはできないからと、遠慮しすぎない。

この二つが大事なポイントです。その結果、相手が自分の行動や言ったことに感謝したり、よろこんだりしてくれれば、こちらも心底、うれしくなります。そんなきっかけで、温かい人間関係が生まれていくのです。

# 「いつもの日々」を幸福にする

いまから約二五〇〇年前、中国の戦国時代に活躍した思想家に荀子（じゅんし）がいます。

荀子は人間の本性を「悪」とし、だからこそ努力することによって「善」に向かわなくてはならないとしています。

そして善に向かうために荀子は「能積微者速成（よく微を積むものは速くなす）」という言葉を遺しています。

これは「小さなことをしっかりと積み重ねることができる人は、物事を早く成就する」という意味。

小さなことの積み重ねが大事なのです。

たとえばお年寄りに席を譲ること、障害のある方の車いすを押して移動を助けること、少額でもいいので寄付をすることなど、ちょっとした心がけがあれば、できることはたくさんあります。

社会やほかの人を助ける、よくする行動は達成感をもたらします。利他的な行動は「私っていいことしている」と自分の気持ちをよくします。

## 「自己肯定感」を高めるヒント

相手から感謝の言葉があればよいのですが、なくても利他的行動自体が自分を励ましてくれます。

自分の仕事についても、単に「収入を得るために働いているのだから、つまらない作業でもしかたない」と思うと自己肯定感は上がりません。

しかし、作業の効率を上げるよう、やり方を工夫して成果を上げると、あるいは社会で必要な役割を果たしているのだと仕事の目的に納得すれば、自己肯定感が上がり、自信につながります。

繰り返しますが、自分の毎日の仕事に意義を見出す。家族が助け合い、感謝し合う。額にかかわらず収入を得て生活ができる。家族のために食事や洗濯をする。そうした夫や妻の働きをあたりまえだと思わないで感謝する……。

こうした日々を「さえない日常だ」なんて考えず、「幸せだ」と意識すること、それが一人ひとりの自己肯定感を高め、毎日を幸福にします。

一人ひとりが、「小さなサポート」を受けたら感謝し、言葉にしてしっかり伝える。そうすれば、社会は善意で回転していきます。

## 「健康寿命」だけでなく「貢献寿命」をのばす

日本人の平均寿命は男性八一・〇五歳、女性八七・〇九歳。
世界でも最長寿ということは、これは日本が平和で豊かであることの何よりの証しです。食事の栄養バランスが取れているので体力、免疫力があり、公衆衛生の水準が高いので感染病にかかる人が減り、病気になっても良好な医療を受けられる、それが平均寿命を押し上げました。医療関係者だけでなく、多くの人が平均寿命をのばすために尽力しました。

その後「健康寿命」という考え方が二〇〇〇年にＷＨＯ（世界保健機関）から提唱

されました。平均寿命というのは、ゼロ歳の赤ちゃんが何歳まで生きるかという「平均余命」のことですが、健康寿命とは「健康上の問題で日常生活が制限されることなく生活する期間」と定義されています。

平均寿命と健康寿命の差は、日常生活に制限がある期間の年数で、日本の男性八・七三年、女性は一二・〇六年といわれています。この期間みなが寝たきりになったり認知症になったりするわけではありません。階段がのぼれない、補聴器が必要となるというレベルも日常生活に制限があるとされます。

最近は、この期間を短くするため、高齢者の身体機能を向上させて「健康寿命」をのばそうという取り組みが盛んに行なわれるようになりました。長生きしても病気や介護が必要な期間が長いのはいやだと、体重や血圧を気にしてサプリをのんだり、健康法を実行したりしている人が増えています。

ただ、私には疑問が残ります。たしかに元気な高齢者が増加するのはすばらしいことですが、健康だけを目標にするのは不十分だと思うからです。

「健康」とは身体だけの問題ではありません。「社会との結びつき」「心のあり方」も不可欠なのです。私たち一人ひとりが、自分が社会や他人に貢献できることはないかと考えて、行動することが心の安定をもたらします。「年齢にかかわらず、生涯にわたって社会に貢献し、人とつながって感謝される」ことが必要なのです。

個人が心の持ち方を変えるだけでなく、社会としての取り組みも必要だという活動もはじまっています。

たとえば一橋大学、東京大学、ニッセイ基礎研究所、リクルートマネジメントソリューションズからなる研究チームは「貢献寿命」という概念を提唱し、社会参加を通じてそれをのばす情報プラットフォームづくりに取り組んでいます。

ボランティア、趣味活動や生涯学習など、地域活動を行ない続けるには周囲のサポートが必要です。役割や居場所を探す高齢者と、サポートを求める住民の声を有機的につないでいく――。個人の体力、スキル、嗜好に合わせてマッチングを支援するテクノロジーを活用し、情報プラットフォームをつくろうとしているのです。

この研究チームのほかにも、地域の高齢者と地域活動とをつなぐ情報プラットフォームとしてGBER〈ジーバー〈Gathering Brisk Elderly in the Region〉〉を研究開発し、熊本県・東京都世田谷区・福井県・神奈川県鎌倉市などで社会実装を展開するプロジェクトもあります。

このプロジェクトは「就労領域」という面で、高齢者層の求める柔軟な働き方に対応するべく、複数人で作業を分担する「モザイク型の就労マッチング」の実現に取り組んでいます。

こうした活動を通じて地域での持続可能なビジネスモデルの構築とGBERの多地域展開に取り組むなどの活動をしているそうです。

## 利他的行動は心身を健康にしてくれる

私はもちろん、こうしたシステムを開発するプロジェクトはとても有意義な活動なので、しっかり機能するシステムをつくってほしいと思います。

しかし何よりも大事なのは、高齢者も一人ひとりが「貢献寿命」という考え方に共感し、他者に貢献する存在であろうと思うことです。

他人の世話にならないで生活できる健康寿命をのばしたいとは誰しもが願います。それを一歩すすめて、人の世話をする社会への貢献を目指すことです。強調したいのは、「貢献寿命」をのばすことが、結果として健康寿命にもつながることです。

イギリスのエクセター大学の研究によると、思いやりや無償で人のために何かをすることはストレスを軽減し、心とからだの健康状態を改善する効果があるとされています。

人に親しみを感じ、人に思いやりを持つと、「幸福ホルモン」といわれる脳内物質の「オキシトシン」が分泌されます。このホルモンには血管を広げる作用があり、高血圧や動脈硬化を予防するという身体的効果をもたらします。

可能な限り、いくつになっても働き続けていただきたいと思います。就労は社会に貢献し、社会とつながる大きなパイプです。どんな人でも、働いている間にスキルや専門知識、経験を積んできたはずです。それを生かして社会に貢献するのは大きなよろこびをもたらすはずです。もちろん多少は経済的な報酬もついてきます。

現代は少子高齢化の時代。労働力人口が減少するなかで、定年も延長されつつあります。六〇代の就労はあたりまえ、七〇代でも、健康で意欲のある人は短時間でも就労が可能です。

もちろん、就労だけが社会的貢献の道ではありません。ボランティアとして地域に貢献すること、家事や育児を担当して家族や知り合いの手助けをすること、あるいは生活や文化のスキルや知恵と経験を伝えること、家族や若い人の心の支えになる精神的支援をすることなど、貢献にはいろいろな形があるのです。寄付だけでなく買い物やサービスを利用してお金を使うのも一つの経済的な貢献です。

ともあれ、どんな形でも人と社会に貢献し、感謝される実感を味わえると、生きがいが増して幸福度がアップします。

そうして感謝し、感謝される「お互いさま」の価値観がまわりに広がっていけば、地域全体が幸せになっていくはずです。

# あなたの助けを待っている人が必ずいる

「貢献」というと、マザー・テレサのように、自分を犠牲にし、人類のために崇高なことをする活動だと思いがちですが、そんな高度な行ないではないのです。職場や地域でほんの少しだけ人の役に立つことを行なうのも、立派な社会貢献です。

多くの人は、自分には特別な能力はないし、お金も時間も余裕がなくて自分のことでせいいっぱいで、「自分には社会に貢献するなんてだいそれた力はない、誰にも迷惑をかけないようにさえしていればよいのだ」と引っ込み思案になりがちです。でもけっして、そんなことはありません。

もちろんその基礎にあるのは利他心、自分以外のほかの人のためになりたいという願いと意欲です。

そのうえでまずは「私なんか何もできない」という自己否定するのをやめ、まわりの人や困っている人に「何か役立つことはできないか」と考えてみる。すると、いろいろな気づきがあるはずです。

たとえば、シングルマザーで頑張っている若い友人の子どもにちょっとお菓子をプレゼントする、いつも時間がなくて忙しくしている同僚の仕事を手伝う、自分の家の前の道路の落ち葉を掃くときに隣の人の前の道路も掃く、といったほんの些細なことでよいのです。

オーストラリアにいたとき、街で母の車いすを押していて、段差や階段でもたもたしていると、知らない人が何気なく持ち上げて手伝ってくれました。見知らぬ人に手助けする社会は温かく、介護や育児の重荷を軽くしてくれます。

「相手が自分に特別によくしてくれたわけではないから、別にお返しする義理はない」

とか「自分のことは自分ですればよいのだから、私が世話する必要はない」などと思わず、こちらから先にちょっとだけできる利他的行動をするのは、立派な社会貢献です。

あるいは手助けを頼まれたら「あとで」などといわず、すぐに行動する。知人からの頼み事はできるだけ聞いてあげる。それだけで相手に立派に「貢献」しているのです。

## 「困ったときはお互いさま」の関係をつくる

そんなふうに、きっと多くの人が「貢献」と意識しなくても、いろいろな形で人と関わり、よかれと思った活動をしているはずです。税金や保険料を納付したり、寄付したりするのも、もちろん大きな社会貢献です。災害地や福祉施設でボランティアをすることだけではありません。

そうした利他的な活動をしていると、貢献寿命がのびていく。私はそう確信しています。健康でなければ貢献活動はできませんが、貢献していると心の健康、体の健康も促進されます。元気で長生きを望むなら、貢献寿命をのばすように努めてほしいと思います。

とはいえ、それでも「困っている人がどこにいるかわからない」「何をしてあげればよいかわからない」「自分にできることがわからない」と考える人は少なくないでしょう。

たしかに、社会全体に関わる大きな課題の解決には組織的な対応が必要で、先に紹介したプロジェクトのように本格的に取り組むべきです。

しかし大きな課題の解決のシステムづくりも有効でしょうが、個人ができる範囲で、身のまわりの小さな貢献を心がけ、実行することが、貢献寿命をのばすもっとも確実な方法だと思います。

たとえば、日本では医療保険が国民をカバーし、介護保険が機能しています。それでも高齢者が病気やケガをしたり、介護が必要になったりすると、家族がやらなければならないことが急に押し寄せ、家族だけでは対応しきれない場合が増えます。「明日はわが身」とか「情けは人のためならず」という言葉もあります。介護離職や老老介護の共倒れを防ぐためにも、介護で疲れている友人やご近所の人に、ちょっと頼まれたらひと肌脱ぐとか、「何か手伝えることはないですか」と聞ける関係が持てると、貢献することが増え、相手も助かり自分の貢献寿命ものびていくはずです。

私は、「他人に迷惑をかけないように」とばかり心がけて、高齢期になるとモノの断捨離だけでなく、人間関係も断捨離してしまう人が多いのは、とても残念だなと思っています。迷惑をかけないというだけでなく、誰かの役に立つ、貢献する活動を優先することが大事ではないでしょうか。

人に迷惑をかけないようにというのはマイナスを与えないことですが、どれだけ頑張っても、それではゼロに近づくだけ。それより少しでも人の役に立つこと、プラスになることをするのが大事。一〇〇点は無理でも、ゼロではなく四〇点か三〇点にはなります。マイナスを気にして縮こまっているより、一つでも二つでもプラスのことをする。そのほうが生きている手ごたえがあるのではないかと思います。

機嫌よく笑顔でいることも貢献です。仏教では「眼施（げんせ）」「顔施（がんせ）」といっています。

感謝と思いやりの目つき顔つきも施しです。自分が機嫌よくふるまっていると周囲も明るくなります。

「人に迷惑をかけないように」と自分に厳しい人は、往々にして人から迷惑をかけられるのを嫌います。私は迷惑をかけないように、こんなに頑張って身辺整理をしているのに、あの人はいい加減で自分の始末をつけず、人に迷惑をかけている……と厳しい目を向けるのです。

「自分も人に迷惑をかけている」と意識していれば、迷惑をかけられるのは「お互いさま」と思うことができます。「ごめんね、迷惑をかけて」「いいえ、こちらも迷惑をかけていますから」と、許し合う気持ちを持つこと。それが貢献寿命を長くするのに役立つのではないでしょうか。

# 「それでも」利他を実践する

二〇世紀後半、高度経済成長の時代に多くの人は故郷を離れ、大都市圏に移り住みました。

私たちベビーブーム世代は、中卒の集団就職、高卒の進学や就職で、まずは次男、三男が故郷を離れ、やがて女性たちも長男たちも故郷から流出しました。

こうして古くからお互いをよく知る地域共同体社会は崩壊し、叔父叔母、いとこなど親類縁者とも疎遠になっていきました。

しかし、故郷や親類から離れた個人がバラバラになって孤独な存在とならなかったのは、当時は企業などの勤め先がしっかりと個人個人を受け止めてくれたからです。叔父さん叔母さんやご近所の代わりに、上司や先輩が仕事や会社のしきたりを教えてくれ、赤ちょうちんの居酒屋で悩みや愚痴を聞いてくれました。気心の知れた仲間もいて、職場には確実に自分の居場所がありました。

成長を続ける企業にとっても、熟練した従業員を安定的に抱え込むことが重要でしたし、定年まで雇用を維持し昇給させ、社宅など福利厚生を提供する余力もありました。お互いにプラスでした。

一方、この「社縁社会」にも悪いところもありました。会社は「ウチ」となり、ウチの人とはあいさつをし、助け合いました。しかし「ソト」の人には、関心を持たず、助けの手もさしのべませんでした。

ところがバブルが弾け、日本に「失われた三〇年」といわれるような経済停滞が続くと、経営者は社員を大事にする日本的経営に自信を失い、アメリカ的な業績主義や成果主義が導入され、「人件費はコストだから削減する」という考え方のもと、正社員の採用を絞り、業務委託の外注があたりまえになりました。女性や若い正社員の採用も絞りました。これが若い人の結婚を減らし、出生減をもたらしました。

非正規社員には雇用の安定性はなく、教育訓練や福利厚生でも不利な扱いです。職場はみんな一心同体の組織ではなくなっていきました。

家族関係も同様です。核家族は、家族みんなが元気なときは、ほかの人からわずらわされずに仲よく過ごせます。

でも、いざ子育てや介護などの大きな課題に直面すると、それに対処するだけの余力はありません。学校や就職でつまずいた子どもたちを支える力も家族は失いつつあります。


一方、晩婚、非婚、離婚、死別で家族を持たない人も増えています。会社にも属さず、家族にも頼れない、そうしたバラバラになった人たちを受けとめる場は、どこにあるのでしょうか。

古くからの宗教は、苦しい個人を受けとめる役割を期待される存在です。ですが伝統的な宗教は現代人との接点がとても少なく、受けとめる力が十分ではありません。

宗教とは別に、大都市の住宅地で地域の再生を目指そうと活動する団体や、ボランティア団体、趣味の団体などが生まれ、そこで自分の居場所を発見する人もいますが、まだ多くはありません。

## 誰かに気にかけてもらうだけで人は励まされる

人は共同体に居場所を見つけ、かけがえのない自分、ほかの誰でもない自分、長所も短所も持ったありのままの自分を受け入れてもらいたいと願っています。

そして自分で対処できない困難や悩みに直面したときに、一緒に悩んでくれる人や助けてくれる人を必要としているのです。

家族や友達がそうした役割を果たしてくれるとよいのですが、そこまで親しくない知人や顔見知りでもよいのです。具体的な解決策を提供してくれなくても、「どうしているかな」と気にかけてくれるだけでも、人はほっとします。

共同体が喪失して、社会がギスギスしつつある現代社会でこそ、こういう関係を再構築してみる必要が生まれているということです。

たとえば、いまも四国八十八か所の札所（ふだしょ）を回るお遍路さんが、たくさん歩いています。大小の札所を歩いて回る人たちには、なんらかの問題を抱えている人もいます。その人たちは、お寺への参拝で救われ、心が癒されるだけでなく、遍路道沿いの人たちが施してくれる湯茶やミカンなどの「ご接待」にどれだけ励まされたかと、口々に語ります。

一方で、大都市では「犯罪に巻き込まれないために見知らぬ人とは口をきかない、接触しない」ということが〝生活の知恵〟として教えられています。

子どもを預かる、高齢者の世話をするなどで、万が一のことがあったら責任を問われる。それが怖いから余計なことはしない。するとますます、人と人との関係が希薄になっていく……とてもさびしいと思います。

そんななかで、どうしたら人と関わっていけるのか。私は、地球に生きる見知らぬ人たちすべてに優しくはできないけれど、縁のある人、関わりのある人に笑顔を向けることならできるのでは、と思っています。実行可能な小さなことからはじめるのが一番ではないかと思います。

これは「すべての人を愛せよ」という理想に比べ、レベルが低いように思えるかもしれませんが、まず、できることから、具体的な行動を起こすことが、少しでも人を幸せにします。

## 「逆説の10カ条」に学ぶ人生のヒント

ここで参考のためにケント・M・キースの「逆説の10カ条」を掲げておきます。この境地に至るのは難しいですが、心の支えになります。

①人は不合理で、わからず屋で、わがままな存在だ。
それでもなお、人を愛しなさい。
②何か良いことをすれば、隠された利己的な動機があるはずだと人に責められるだろう。
それでもなお、良いことをしなさい。

③成功すれば、うその友だちと本物の敵を得ることになる。
それでもなお、成功しなさい。
④今日の善行は明日になれば忘れられてしまうだろう。
それでもなお、良いことをしなさい。
⑤正直で素直なあり方はあなたを無防備にするだろう。
それでもなお、正直で率直なあなたでいなさい。
⑥もっとも大きな考えをもったもっとも大きな男女は、もっとも小さな心をもった
もっとも小さな男女によって撃ち落とされるかもしれない。
それでもなお、大きな考えをもちなさい。
⑦人は弱者をひいきにはするが、勝者の後にしかついていかない。
それでもなお、弱者のために戦いなさい。
⑧何年もかけて築いたものが一夜にして崩れ去るかもしれない。
それでもなお、築きあげなさい。
⑨人が本当に助けを必要としても、実際に助けの手を差し伸べると攻撃されるかも
しれない。

それでもなお、人を助けなさい。

⑩世界のために最善を尽くしても、その見返りにひどい仕打ちを受けるかもしれない。

それでもなお、世界のために最善を尽くしなさい。

『それでもなお、人を愛しなさい——人生の意味を見つけるための逆説の10カ条』
（ケント・M・キース／大内博訳／早川書房）

人間を不幸にするのも人ですし、人を助け、支えるのも人です。どうしたら人を支えることができるか、「利他の心」がカギとなります。

# 2章

# 「共感力」が人を動かす

「利他心」をつくる10のポイント

# 感謝は最高の「幸せに生きるコツ」

感謝の気持ちは人を幸せにします。

私は通勤の途中、小さな神社でお祈りをするときにたくさんのことを感謝します。いま健康であること、仕事があること、原稿執筆や会議などやるべきことがあること、子どもや孫たちが元気なこと、協力してくださる方がいることなど、いま現在の感謝が第一です。

次に、いま現在だけでなく、これまでお世話になった方たちへの感謝もします。でも一度に全部は思い出しきれないので、母、叔母、父、友人、それに加えてあるときは私を採用してくださった人事課長、指導してくださった上司などなど、たくさんの方々の姿を頭に浮かべて、お礼をいいます。

もちろん、私の感謝が相手に伝わるわけではなく、直接的にはなんの効果もありません。でも、お世話になった方たちのことを思い出すだけで、「なんて自分は幸運だったのだろう」「なんと人の縁に恵まれていたのだろう」と幸せな気持ちに浸されます。

日常生活のなかで親切を施されたり、力を貸してもらったりしたときに、それをありがたいと自覚し、心の中で感謝するだけでも温かい気持ちになりますが、「ありがとうございます」「助かりました」と言葉で伝えるようにしていると、よりいっそう、気持ちが温かくなります。

思っているだけでなく言葉や態度で感謝を表すと、それを伝えた自分だけでなく、伝えられた相手も幸せにするのです。

私の母は、どんなささやかな贈り物でも、あるいは好みでないものをもらっても「その心あればこそ」と感謝して受け取っていました。

たとえお金を出せば買えるものでも、その人が好意を持って贈ってくださったこと自体がありがたいのです。
だから「いただいたものにケチをつけ、不満をいうなんて失礼きわまりない、そんな罰当たりは神様から見放される」と、私たちに教えていました。

でもその一方で、他人から世話してもらうのをあたりまえのように考える人もいます。

たとえば、お店の人がサービスしてくれるのは仕事だから当然だ、保育士さんは子どもの世話をするために給料をもらっているのだから、教師は教えるのが義務なのだから……と思っていると、どんなに丁寧に対応してもらっても、「よくしてくださって……」と感謝する気持ちにはなりません。

たしかに給料をもらって仕事をしているのには違いないのですが、一人ひとりの働きがこの社会を支えているのです。

前にも触れましたが、コロナのときのエッセンシャルワーカーの方だけでなく、コンビニのレジの人にも、お掃除の人にも、物流を担う人にも感謝の言葉をかけましょう。人から感謝されないと仕事は重荷になりますが、感謝されると負担感は軽減し、働く意欲が増します。

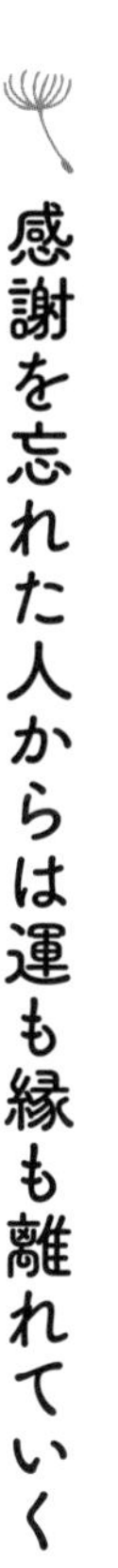

## 感謝を忘れた人からは運も縁も離れていく

私は、人から親切にしてもらうには、それを受け取る能力が必要だと思っています。その能力とは、それをありがたいと思う感受性が備わっているかどうかです。「受援力」といってもいいかもしれません。そしてその感受性の有無が、その人が幸福であるかどうかを決めます。人の親切に対する感受性の高い人が幸福になるのです。

人からの親切を当然だと思ってしまう人は、幸せを感じる感受性が低いのです。「自分が秀才だから（勉強したから）奨学金をもらうのは当然」「私が美人（魅力的）だから男性たちが親切にしてくれるのは当然」という心根の持ち主からは、人の心も運も離れていきます。

私は数年前にベトナムを訪れ、日本に留学予定の若者と話す機会を得ました。彼や彼女たちは「自分が日本に留学できるのは、家族の支えや先生の指導のおかげです。

しっかり勉強して社会に役に立つ人になります」と口々に語るのを聞いて、とても感動しました。

私は国立大学の出身です。日本でも私たちの世代にはまだ「国民の税金で維持されている国立大学で学んだ以上、社会に貢献しなければ」という意識がありましたが、その時代を思い出しました。

でもいまでは「自分には能力があるから（怠けないで努力したから）〝国立大学〟に入学できたのだ」と考える若者が多くなっています。

たしかにそれもあるでしょう。でもそこに来られたのは、環境（運）に恵まれていたからです。「健康で病気や事故にあわないでいられた」とか「家族や先生が支えてくれたおかげ」という側面を忘れてはいけません。

それに対する感謝の気持ちを持って勉強するほうが、本人のやる気も増すのではないでしょうか。

個人差はありますが、いつも与えられるのに慣れている人は、人からの協力や親切にも「当然だよね」とばかり受け流しがちです。親からお金やモノを豊かに与えられている子は、感謝の気持ちが持ちにくくなります。

反対に、人から親切を受けることが少ない「苦労人」のほうが、人からの親切を「ありがたい」と感じる傾向があるようです。

「社会の人たちの支えによって自分のいまがある」と、恵まれている状況を自覚できれば、素直に感謝できるはずです。くれぐれも「そんなのあたりまえで考えたこともない」という、無自覚な人間にはならないでください。

就学以前に、家庭では「ありがとう」というのを習慣にすることが大事です。親が忙しくて教える余裕がなければ、祖父母が伝えたいものです。

子どもには、どんなに多くの財産を相続させるより、人の親切に感謝できる気持ちを育てることが大事です。

感謝を伝える習慣は、必ずその子の人生を豊かにします。

## 共感力──利他心をつくる基本

「感謝する心」の基本は、他人の境遇や気持ちを推しはかる力です。

つまり「共感力」です。これは利他心を育む基礎中の基礎です。

性善説や性悪説など、人間性というものに対してはさまざまな見方がありますが、サイコパシーのような病的な性格でない限り、人は他人の不幸に接すると心を痛めます。

ロシアの侵略に苦しむウクライナの人々、イスラエル軍との衝突で犠牲が増えるばかりのパレスチナ・ガザ地区の人々、地震に被災した人々、飢餓に苦しむアフリカの子どもたちの映像などを見ると、ほとんどの人が「つらいだろうな」「悲しいだろうな」

と感じるはずです。

身近な例でも、若くして配偶者を亡くした人、子どもの犯罪に苦しむ親、貧しくて学校に通えない子どもたちなどを見ると、気の毒に思うのが普通です。これが「共感力」。多くの人々は、多かれ少なかれ苦しみや悲しみのなかにいる人への共感力を持っています。


苦しみや悲しみばかりではありません。他人の幸せや成功をわがことのようによろこぶのは、一般的には難しいことですが、それが自分の子どもや配偶者なら、自分のことのようにうれしく感じるはずです。

いえ、わが子の成功は自分のこと以上にうれしいという人もいます。スポーツチームの監督やコーチ、塾の教師なども、教え子たちの活躍や成功をわがことのようによろこびます。また「推し活」のように、ファンとしてアーティストやスポーツ選手の活躍をよろこぶ人もいます。

よくいわれるように、よろこびは、ともによろこぶ人がいると倍増し、悲しみは、ともに悲しんでくれる人がいると半減します。

人生の節目節目の儀式や、結婚式、お葬式などにみんなで集まるのは、結婚をみなでよろこび、人の死をみなで悼む機会を持つことで、よろこびを倍増させ、悲しみを半減しようという、古来の知恵に違いありません。

しかし、この共感力も個人によって差があります。同じ共働き家庭でも、親が忙しくて時間に追われていることがわかって助けようという子どももいれば、親の忙しさなどまったく気にせず、自分の要求だけしか考えない子どももいます。

学校でも、いじめられている友達の様子が変だと気づく生徒もいれば、自分のことで頭がいっぱいの生徒もいます。団体競技のスポーツや合唱、オーケストラのように、集団で行なう活動をしているとチームメイトの調子に気がつくが、授業を受けているだけの教室では気づかないというように環境の差も影響します。

## いざというときは手をさしのべられる人でありたい

共感力が高いか、低いかは、生まれつきの差もありますが、それ以上に育った環境に影響されるように思えます。

共感力を育てるためには、いろいろな経験をすることが大事です。いつもスマホやPCを見て一人で行動するのでなく、スポーツやイベントなどで協力したり、コミュニケーションを取ったりする経験をすること。それによって仲間がどう感じているか知ることができます。実際の経験は大事ですが、そのほか小説やドキュメントで背景や登場人物の思考や行動を知るのも効果があります。

私は子どものころから小説や歴史を読むのが好きで、自分では経験していない栄光や悲惨、恋愛や友情を、本を通じて知っていたことが「人間性」に対する洞察を生んだように思えます。

社会に出て、いろいろな職場で働きましたが、強い仲間意識で結ばれていた職場もありますが、あまり親しくならず、淡々と過ごした職場もありました。

その差はもちろん、チームの仲間との相性、仕事が厳しかったかどうかなど、さまざまな要因がありますが、リーダーのあり方も大きく影響しました。部下思いで部下の公私の状況を把握し、何気なく気配りしてくれるリーダーのもとでは仲間意識が高まり、自分の業績と評価に頭がいっぱいの上司のもとでは、みんなの心はバラバラでした。

古いタイプのリーダーは大きな権力と影響力を持って部下を指導し、目標を達成させるための強い意志や闘争心を持つことが期待されていました。

しかし最近は、そうしたトップダウン型のリーダーではなく、チームメンバーの困難を除き、面倒を見るサーバント型リーダーや、メンバーに当事者意識を持って目標達成に巻き込むインクルーシブ型のリーダーが成果を上げるといわれています。

こうした新しいリーダーシップには共感力が不可欠です。部下が抱えている公私の困難に共感し、それを除くために動く必要があるからです。

こうしたリーダーに適した女性も多いのではないかと思います（もちろん、個人差はありますが）。

職場だけでなく、家庭でも親と子だけでなく、夫婦の間でも兄弟の間でも、たとえ解決に至らなくても、お互いの困難を思いやり、共感することで、絆は強くなっていくはずです。

ただ、現代ではこの共感力は、やや危機的状況にあります。

現代のように人々が自由を求める社会では、他人への思いやりは「干渉」として、むしろうとまれかねないからです。

「困っている状況を人に知られたくない」「その人の『自己責任』で他人は関係ない」「個人情報はお互いに詮索しないように」という風潮が強くなり、共感力が育つ機会が減少しています。

べたべた束縛する関係をつくれというのではありません。普段は「淡い交わり」でいながら、いざ困難な状況になった人にはそっと手をさしのべる……そんな関係が広がっていけば、この世は温かく住みやすくなります。

# 「自分を励ます一番いい方法は人を励ますことだ」

どんなに苦しく厳しい状況にある人を見ても、「自分とは関係がない他人事」と思う人と、たとえその課題を解決できなくても、「大変だな」と共感し、「自分に何かできることはないか」と考える人がいます。

「共感したって、具体的行動をしなければなんの役にも立たないよ」と批判されるかもしれませんが、「誰かが自分の苦しみを知ってくれている」とわかれば、それだけで苦しみが少し和らぎます。「共感の力」は偉大なのです。

難病に苦しむ患者の会、子どもを失った親の会、犯罪被害者の会など、理不尽な不幸に遭ってやり場のない悲しみや怒りに苦しんでいる人たちが、同じような境遇の人に出会い、この不幸に見舞われているのは自分だけではないと知るだけで、自分も頑張ろうという勇気が湧いてくるそうです。同じ苦しみを抱える人に共感することで救われるのです。

共感は、苦しむ個人の気持ちを癒すだけでなく、勇気づけ、苦しみや困難に打ち勝つ力を与えてくれます。

「人間は生まれてくるときも一人、死ぬときも一人。そう達観すれば、生きているときに一人であることをさびしがることはない」といわれます。

たしかにそうなのですが、ほとんどの人は、自分の努力を、あるいは苦しさや理不尽な仕打ちに耐えていることを知ってもらいたい、認められたい……と願っています。

自分が何をしても、どうなっても誰も関心を持ってくれないのだと思うと、深い孤独感にとらわれてしまいます。

## 共感力は、自分に生きる力を与える

私も二〇代のころ、長女の子育てをしている駆け出しの公務員で、仕事にも子育てにも自信が持てず、「自分はどうなっていくのだろう」「力がないから子育ても仕事も両方は無理かな」と、将来が見えず苦しんでいました。そのとき、「大変なのによく頑張っているね」と声をかけてくれた人に、どれだけ救われたことでしょうか。

若いときは、物事を成し遂げるのに大事なのは自己実現の意欲や上昇意欲だと考えていましたが、長い人生を生きてきて、いまは共感の力が社会活動、経済活動の源になるのだと思うようになりました。

宮沢賢治の「雨にも負けず……」の詩も、「飢饉（ききん）の夏はおろおろとするだけでなんの役にも立てないけど、人々の苦しみに寄り添う存在がじつは大事なのだ」と伝えてくれます。

私は、これからのリーダーは「三つのS」——sympathy（シンパシー）〈共感〉）、ｓｈａｒｅ（シェア〈分かち合い〉）、ｓｕｐｐｏｒｔ（サポート〈助け合い〉）し合うことが大事だと考えています。

大きな課題や目標を他人事だと思わず仲間とｓｈａｒｅする、お互いに力を出し合い補い合って取り組む（ｓｕｐｐｏｒｔ）、そして何よりも困っている人、苦しんでいる人に共感する（ｓｙｍｐａｔｈｙ）、この三つのＳです。

この三つとも、困っている人、苦しんでいる人への共感が背景にあります。それがエネルギーの源になるのではないかと思います。

「自分なんて何もできない」「誰からも必要とされていない」「人に迷惑をかけないのが一番」などという気分になると、穴に引きこもりたくなりますが、おそらくそうした三つのＳがあれば、どれだけ歳を重ねてもやるべきことがたくさん見つかって、生涯現役でいられるのではないかと期待しています。

共感する力は、自分に生きる力を与えます。アメリカの文豪マーク・トウェインも「自分を励ます一番いい方法は人を励ますことだ」と、素敵な言葉を遺しています。

# 「自立」と「孤立」は、どこが違う？

大人になるということは「他人から世話してもらう」与えられる存在から、「他人を世話する」与える力を持つ存在になることです。

子どものころは、自分のことは自分でできるように練習するのが大事です。「自分ではできない」と、すぐに親や教師に頼って、いつまでも世話されることに慣れてしまうとまわりに迷惑をかける人になってしまいます。大人にはなれません。

大人になるというのは、自分のなすべきことを、責任を持って最後まで成し遂げる力と心がまえを持つこと。男性も女性もそれが経済的、精神的な自立をもたらします。

そのためにも成長過程では、自分で解決できるように一生懸命取り組むことが重要です。

「他人に迷惑をかけない」というのは日本人の大きな美徳で、だから日本社会は清潔で安全だと、世界中から高く評価されています。

その反面、「迷惑をかけない」ことにこだわりすぎると、息苦しくなります。日本では「人に迷惑をかけてはいけない」という気持ちが強すぎる傾向があるようです。それが、お互いが迷惑をかけたり、かけられたりするのを許さない社会をつくっているように思えてなりません。

もちろん、なかにはマナーをわきまえず、騒音をまき散らしたり、ごみをまき散らしたりして周囲に迷惑をかけている人もいます。しかし多くの人はマナーを守り、周囲に迷惑をかけないように気をつけながら暮らしています。

公共の場でマナーを守るのはとてもよいことですが、自分がどんなに困っても助けを求めたら人に迷惑をかけてしまうと考え、がまんするのはやや行きすぎです。

その結果、解決できない問題に直面しても、助けを求めるのを躊躇して、自分だけで抱え込んでしまうのです。助けを求めてもみな忙しく、時間にもお金にも余裕がないので、助けてはくれないと思い込んでいるからです。

最近、とみに語られる「自己責任」という言葉が、これを象徴しています。どんなに困っても人に助けを求めると迷惑をかけることになる、とされるのはつらいものです。

「自立」といえば立派に聞こえますが、困ったときに誰からも手をさしのべてもらえない個人は「自立」しているのではなく「孤立」しているのではないでしょうか。

私は長い間、これからの日本女性は親や夫に保護され、相手の意向に従って生きるのではなく、自立して生きる経済力と精神力を持たなければならないと考えてきました。しかし、「自立」だけを目指しすぎると、かえって孤立を生んでしまうのではと、内心、危惧しています。

孤立と自立は、どこが違うのでしょうか。経済的に他人に依存せず、自分で収入を得て生活ができる、精神的には自分でいろいろな問題を引き受け、選択し、判断するというのが自立です。

しかし、ふだんは自立して生活していても、ときにはいろいろな困難や障害に直面して、自分だけでは判断できない、解決できない場合もあります。そんな困ったときに相談できる人、助けを求めることができる人がいるかどうか、助けてくれる組織があるかどうか、それが孤立かどうかを見分けるポイントではないかと思います。

## 人に迷惑をかけているのは、みんな同じ

日本人がこれほどまでに「人に迷惑をかけてはいけない」という意識を強くした理由のひとつは、江戸時代の農村の「五人組制度」にあるという指摘があります。

これは隣近所の五世帯が連帯責任を持って年貢を納めたり、共同作業に参加したりするように強制された制度です。一人でも責任を果たさないと全員が罰せられます。

その意識が現代人にも残っていて、日本人は子どものころから「迷惑をかけてはいけない」というルールとマナーをしっかり教えられます。

「ごみを散らかしたら人に迷惑をかけるでしょ」「人と同じ速度で歩かないと迷惑でしょ」「自分のために先生に世話をかけると、ほかのみんなに迷惑でしょ」と、いろいろな場面で注意されます。みんなと同じ行動を取って迷惑をかけないように強制されるのです。

特に職場では、こうした秩序を乱す行動は許されていません。遅刻はチームに迷惑をかける、マニュアルに従わず不良品を出したら大事件、不祥事を起こしたら社長以下謝罪し、ブランドイメージが傷つく……。

学校でも在校生が事件を起こしたりすると、(被害者になっても)学校の責任とされ、社会におわびしなければなりません。

コロナパンデミックのはじめのころは、もし大学で集団感染(クラスター)を起こしたら「社会に迷惑をかけた」とバッシングを受けるので、教職員はみなピリピリしていました。

そういえば、コロナ禍の初期のころ、他県ナンバーの車を見つけると「来るな」と貼り紙をしたり、感染者を出した家族が仲間外れにされたりするという現象も見られました。

マスクをせずに出歩く人には厳しい目が注がれました。「自粛すべきときに自粛していないのは許せない」と攻撃するのです。

「自粛警察」などと呼ばれましたが、「自分はがまんしてルールに従っているのに、ルールに従わないのは許せない」という心理なのだと思います。

人に迷惑をかけないようにする人が多いのと同時に、「人から迷惑をかけられるのは絶対にいやだ」と考える人も増えています。「保育所の子どもの声がうるさい」「高齢者がレジでもたもたしていてイライラする。待たされるのはいやだ」というように、自分の都合だけを声高に主張する人もいます。

「まあ、いいや」と少しだけ寛容な気持ちで受け入れられれば、お互いにラクになるはずです。

人から迷惑をかけられるのをいやがる気持ちは、「自分も迷惑をかけるのはいやだから」となって、困っても助けを求めるのをためらってしまうことにつながります。

それはとてもさびしい社会ではないでしょうか。

人間は完全な存在ではありません。知らず知らずに迷惑をかけることもあります。迷惑をかける人がいても、もう少し自己主張を控えて、「頑張ってもうまくいかないときもあるさ」「困っているときはお互いさまよ」と柔らかく受け止められるようになるといいですね。

## 与援力——困っている人を見過ごさない力

せいいっぱい頑張って努力しても自分の力が及ばないときは助けを求め、助けを受ける。それを私は「求援力・受援力」と呼んでいます。

自立して生きることを基本としたうえで、それでも孤立しないで生きていくための力、それが「求援力・受援力」です。

一方で、それを支える力を「与援力」といいます。

これらはまだ日本語としては認められていない言葉なので説明が必要です。自分で対応できない問題を抱え込まずに助けを求める力が「求援力」、困ったときにさしのべられた助けを感謝して受け入れる力が「受援力」、そして困っている人を見たら支える、助ける力が「与援力」です。

欠点や弱点を持ち、失敗もする不完全な私たち人類は、人と助け合い、支え合うことで困難な状況も生き延びることができました。ほかの動物より腕力が強いわけでもなく、速く走れるわけでもない私たち人類は、言葉によって集団をつくり、育児を助け合い、支え合い、食糧確保に協力するチームワークを形成することによって、大きな力を発揮してきました。

現在でもいろいろな仕事はチームで行なわれるようになり、人との協力が欠かせません。子どもたちには「自立」を教えるとともに、求援力、受援力、与援力を持つよう教えるべきではないでしょうか。

「求援力」は、単に誰にでも「ともかく助けて」というのではなく、これと思う人を見分け、「何に困っているのか」「どういう助けをしてほしいのか」を具体的に表現して、心を込めて頼むことが大事です。

こちらに助ける気持ちと力があっても、相手が助けを必要としているかどうかわからなかったり、具体的に何をすればよいかわからなかったりすれば、躊躇してしまいます。

当然ですが、普段は何も連絡せず音信不通でいて、切羽詰まってからいきなり助けを求めてもうまくいきません。助けを受けるにはそれまでに温かい交流があるか、信頼が形づくられているかが大事なのです。

## お金があるならお金を、時間があるなら時間を——

そして「受援力」というのは、さしのべられた助けをありがたく受け止め、活用する力です。助けが一〇〇%役に立つことはなくとも、まずは感謝して受け取る。迷惑をかけて申し訳ないとぺこぺこしたり、卑屈になったり、反発したりしないで、助けてくれることにまず感謝する。

そしてそれを大事に生かす。「こんな助けじゃ役に立たない」「これっぽちでなくもっと助けてほしい」という場合もあるかもしれませんが、それは助けてくれた人に失礼というものです。

なかには「助けてもらうのが当然だ」と要求がましい態度を取る人もいるかもしれませんが、これは相手をがっかりさせ、「もう助けるのはやめた！」と思わせてしまいます。

こうした態度は受援力がないといえます。小さな助けを感謝して受け取り、それを忘れずに、時々思い出す。これは助けてくださった相手に対する礼儀でもありますが、自分がたくさんの人から支えてもらったことを忘れないと、自己肯定感も高めます。

そして「与援力」です。人を助け、支える力です。お金があればお金を、影響力があれば影響力を、時間があれば時間を、情報を持っていたら情報を必要としている相手に提供する力です。

自分には「力」がないから人助けはできないとあきらめるのではなく、何ができるか、何を持っているかを考えてみることが大事だと思います。先にも述べた眼施、顔施からはじまってできることはたくさんあると思います。

私は、すべての人が、小さなことでもいいので、周囲から助けを求められたら、できるだけ応えてあげてほしい、援助をしてほしいと願っています。自分のできる範囲でいいのです。

ただ、こちらに余力がなくいっぱいいっぱいだと、助けることはできません。お金や権力だけではありません。日ごろから気持ちにゆとりがあり、知恵や知識など力をつけておけば負担感なしに助けることはできます。これが与援力の基本といってよいでしょう。

そしてその与援力の核には友人、他者の苦境を他人事と見るのではなく、「あの人は本当に大変だから、及ばずながらなんとかしてあげたい」と思う気持ち——すなわち共感する力が必要です。

この共感力がなければ助けようという気が起こりません。利他というと大げさですが、人の苦しみや悩みに共感できる心、すなわち優しさが与援力の基本なのです。

個人に自立を求め、どんなに困っている人を見ても「自己責任でしょ」と突き放すのではなく、自分はなんの力もないからとあきらめるのではなく、力及ばなくても一人ひとりの個人が助け合うと、その集団全体が困難を乗り越え、新しいことができるようになるはずです。

# 「相談力」を磨こう

「自分の状況は自分が一番知っている。だから、他人に相談しても問題は何も解決しない」「相談すると、決断力がない人間と思われ、弱さを見せてしまう」と考える人は少なくありません。

じつは私にもこの傾向があり、自分の悩みや困りごと、不安をあまり人に打ち明けず、自分だけで抱え込むタイプです。

たしかに、解決できない悩みでも、しばらく保管しておくと状況や受け止め方が変わって、悩みが軽くなることもあります。

しかし、生き方上手な人は、うまく自分の悩みを他人に話し、それで人間関係の距離を一気に縮め、仲間をつくります。人間はアドバイスを求められるのが好きだということをよく知っているからです。

悩みの多くは、もやもやとして得体が知れない場合が多いのですが、相談しているうちに状況が明確になって、原因が明らかになってくることがあります。すると自分の気が軽くなり、同時に相手を仲間に引き込む効果もあります。ときには相手から別の情報や方法を示されることもあります。

これが「相談力」です。相談を持ちかけられたら、多くの人は「自分は頼りにされている」「リスペクトされている」と自尊心を刺激され、〝自分事〟として考えるようになり、仲間が置かれた状況への理解が深まります。

相談力の乏しい私も、ほかの人から相談してもらうとなんとか役に立ちたいと、知恵を絞っています。

そんな相談力の持ち主の一人が「高齢社会をよくする女性の会」を立ち上げて長年代表を務めてこられた樋口恵子さんです。

彼女は相談することの四つの効用をあげておられます。

①相談することによって自分の立場や問題点を整理できること。話しているうちに無意識に考えが整理され、解決法が見えてくる。そして自分を客観化する力が身につく（これは大きいです）。

②別な考え方があることに気づくこと。他人の言葉どおりに考えなくても、自分と別な見方、考え方があることに気がつく（自分が穴の中に入っていると、別の見方に気がつきません）。

③いまの世の中と自分の悩みの関連を知り、自分だけが特別に不幸な存在ではないと知って、気がラクになること。

④新しい情報が得られること。新しい法律制度、サービスビジネスなどの情報を取り入れる機会が得られる。

これを見ると、相談力は形を変えた求援力なのではないか、と思います。

「求援力」という言葉は、いかにもストレートに助けを求めるというニュアンスですが、「相談力」のほうが柔らかく一般的です。

相談という形で、現在直面している問題や抱えている問題を共有し、問題に対する相手の考え方を知り、自分の考えの幅を広げてもらうわけです。女性でも年上の男性に上手に相談を持ちかけ、味方や理解者を増やしている人もいます。

相談力のある人は、相談相手の意見を全面的に取り入れるのではありません。自分の考えを整理し、ほかの考え方があることを知り、納得できる考えを一部取り入れ、視野を広くするためのひとつの方法として使いこなすのです。

ただ、漫然と話を聞いてもらうだけでは、効果的なアドバイスを受けられることはありません。相談する側は「困っています」「どうすればよいでしょうか」というだけでなく、具体的に何に困っているのか（○○さんと××さんが対立している、どこが対立点か、店を改装するお金が足りないので、どう資金を増やせばいいか、自分はこうしようと思うがこれでよいだろうか、など）、方向を明らかにすることが必要です。

それによって、自分の立場や問題点が整理できる第一の効用が得られるわけです。

そこをあいまいなままに相談しても相手は困るでしょうし、自分の考えも整理できません。

自分の考えがある程度まとまっていれば、相談相手からの反応もわかりやすくなります。自分の考えを支持してもらうのもありがたいことですが、別の考え方を示されると「へえー、そんな見方もあるのか」と視野が広まり、よい刺激になります。

## 大事なのは「助言」でも「解決案」でもない

現在、女性を取り巻く環境、法律制度が大きく変わるなかで、女性たちの多くは職場でも、家庭でも社会でも共通の悩みを抱えています。

たとえば、職場で高い評価が得られず昇進が遅れている、セクハラやパワハラが横行している、育児・教育の悩みや介護が重荷になってきたなど、「これは自分だけの問題だ」と思い込み、自分だけで解決しようと抱え込むと孤立を深めてしまいます。

しかし「相談力」を活用すれば、相手からアドバイスを得て、「そうか、あなたも同じ問題で悩んでいたのよね」と連帯感が生まれます。

樋口さんだけでなく、女性リーダーのなかには、この力を発揮して上手にチームワークを高めている人がいます。女性のリーダーは、相談力によって自分の弱みや悩みを共有し、メンバーの連帯意識、仲間意識を高めている人が多いのです。「メンバーを巻き込む力」というのでしょうか。

反面、男性は、「リーダー（管理職）は有能で決断力のあるところを見せなければならない」と思い込んで、相談するのを恥とする人が多いようです。男性は弱みを見せず、「悩みなんかない」という態度で、「俺について来い」とトップダウンの命令をするリーダーがよいと考えがちです。

もちろん男性のなかにもいろいろなタイプがあります。昭和女子大学のT教授は、三〇年間にわたってベトナムと協力し、ホイアンという古い町並みを修復する事業に関わってこられました。

「あの団体も協力してくれそうなのですがね……」「こういうやり方があるらしいんですが……」といった言い方で相談を持ちかけながら、多くの人や団体の協力を引き出してこられました。

その結果、ホイアン市がユネスコの世界遺産指定を受け、観光地として賑わっているのを見ると、新しいスタイルのリーダーシップは、相談力によって多くの人を巻き込むのだと感心させられます。


また夫婦でも、女性側は、ドンピシャの効果的な解決案を期待しているわけでなく、まず聞いてもらって状況を知ってほしい、状況を確認したいと相談する場合もよくあります。

そこで男性側は、名案が出てこなくても「わからない」「興味がない」と突き放すのではなく、「俺にどうしろというのだ」と怒るのではなく、「大変だね、困ったね、どうすればよいだろう」と、一緒に考えるだけでよいのです。

相談はコミュニケーションのひとつの形です。相手に当事者意識を持ってもらうことができ、それがひいては、あなたや集団に対する共感力を増大させます。

## 「褒める力」を高めよう

私は「褒める力が社会を変える」と思っています。お金や権力がなくても影響を与えることができます。

愛情と讃嘆(さんたん)を込めて、相手の成し遂げたことを褒めるのが、その人の心のカギを開け、よい行動を後押しするからです。

ただ、上手に人を褒めるのは難しいのです。相手を注意深く観察して、どこが努力したポイントか見極めるのは、かなりの注意力とセンスがいります。

誰でも知っている相手の地位や経歴、出身大学などを褒めても相手はまずよろこびません。私はいつも「美人に美人だといっても、社長を社長と尊敬しても褒めたことにならない」と語っています。誰にもわかる外形的なことでなく、あまり知られていないけれど自分が苦労して成し遂げたことを褒めてもらうと、誰でもうれしくなるものです。だから、相手をしっかりウォッチしていなければなりません。

私も、たとえば私が書いた本を読んで感想をくださると、うれしくなります。私に限らず、自分がコツコツやっていることを見て褒めてもらえると、とてもうれしくなる方は多いようです。

その背景には、日本人が褒められることに飢えているからではないかと思います。日本では「巧言令色(こうげんれいしょく)鮮し仁(すくなじん)」などという儒教の教えが浸透しているので、日本人にはあまり人を褒める習慣がありません(本家の中国では時の権力者の力が絶大なせいもあるからか、巧言令色が飛び交っているから不思議です)。

## 身近な人こそ褒めよう

企業や組織の場合も、権力者を褒めるのは「お世辞」ととらえられかねないので難しいのですが、知人友人に対しては気楽に褒めることができるはずです。相手の洋服、持っているスカーフやバッグを「センスがいいですね」とか「お似合いですよ」と褒めるのは、会話のきっかけとしてとても有効です。

これなら初対面の相手でも褒めることができます。私には自分では似合うかどうか自信がなかった服を褒められ、その服が好きになった経験がたくさんあります。

家族間、夫婦や親子の間でも、もっと相手を褒めることで仲よくなれます。長所や頑張ったことを褒めると、お互いが元気になります。子どもは褒められることで自己肯定感が養われ、自信を持って行動するようになります。

私の母はいつも私に「笑顔がいい、笑顔がかわいい」と褒めてくれました（けっして「美人でない」とは批判しませんでした）。それで私は自信を持って笑顔で人と接することができるようになりました。

子どもの教育では、悪いことをしたら叱るのはもちろんですが、よいことをしたとき、頑張っているときは褒めてあげましょう。夫婦の間でも、お互いの短所や失敗を批判するだけのモラハラ夫もたくさんいますが（モラハラ妻も）、褒め合う夫婦は仲がよくなります。

家族だから、夫婦だから本当のことをいって相手を傷つけてもいいのではないのです。ずけずけ批判するのをいったん停止して、相手の長所を見つけて、褒め合うことからはじめると、家庭が明るくなります。

子どもにとっては、先生の影響も大きいです。小学校の先生に数学の才能があると褒められたので数学が好きになった、作文を褒められたから小説家を志すようになったという話はたくさんあります。褒められると自分の長所に気づき、モチベーションが上がります。

## 褒めるのは、その人を応援する一番の方法

「日本人は褒められることに飢えている」という話をしましたが、大人になると子どものとき以上に褒めてくれる人が少なくなります。

私は二〇二三年七月、一〇代のころからの友人をなくしました。彼女はいつも、うまくいかなくて自信を失っている私を力づけてくれた人です。

「自分の短所や至らないところをずけずけ批判してくれるのが真の友人だ」という人もいますが、それは確固とした自信を持っている人の場合です。

多くの人が友人に期待するのは、優しく、自分の短所や欠点も受け入れてくれたうえで、よいところを見つけてくれる褒め言葉を与えてもらうことなのです。

彼女のことを思うたびに、「私は彼女の褒め言葉でエネルギーをもらっていた。私も友人を褒めて応援してあげよう」と決意しています。


身近な家族や友人だけでなく、職場や社会でも褒め言葉は大切です。部下の貢献を認めて褒める、長所を発見して伸ばすのは、よい上司の必要条件。褒める力でチームメンバーの力を引き出すのが名コーチ、名将というべきでしょう。

現役を引退した高齢者だって、褒める力で社会を動かし、変えることができます。現役時代なら管理職や責任ある地位についていれば、部下を動かし、組織の動きに影響力を与えることができますが、ポストを離れるとそうはいきません。

引退してからあとも、若い人に自分の経験や生き方、もっと効率的な働き方を教えたいと思っても、煙たがられるだけです。

若い人は誰も、上司でもない年寄りにお説教を聞いたり、指導されたりしたいとは思っていないのです。したがって、若い人と接するときには、指導しようとか、教えてあげよう、などとけっして考えないことです。

むしろ、彼らの考えや行動を理解するために教えを乞うことです。スマホの使い方でも、ＩＴのスキルでも、どんどん教えてもらいましょう。そしてそのあとで、心からお礼をいうこと。「よく知っているね。教えてくれてありがとう」と褒めることが大事です。

とかく現役時代に活躍していた人ほど、「若いやつは、なっとらん！」「何も知らない、礼儀をわきまえない！」と、上から目線で接しがちです。

でも「ああしろ、こうしろ」「ここが悪い、あそこを改善しろ」といっても反発されるだけです。

それより、若い人の行動で「あ、いいな」と思うことがあったら、「すばらしい」とためらわずに褒めること。若い人も「そうかな？」と悪い気はしません。

たとえば若手が頑張って達成したことや、難しい仕事をやり遂げた苦労を認め「頑張ったね、すごい！」と口にする。若者が障害者の車いすを押してあげたり、お年寄りの荷物を持ってあげたりする行動を見たら、「君は優しいね、よくしてあげたね」と褒める。その結果、彼はますますそうした行動をすると思います。

若者たちが必ず褒め言葉に応えてくれるとは限りません、それでも褒めることで、少しずつでも世の中を変える可能性があります。私はそう信じています。

# 「異質な人」を受け入れよう

日本は「同調圧力の強い社会」だといわれます。とくに二〇世紀後半の日本社会は、みなが日本語を話し、同じ学習指導要領に基づく教育を受け、同じようなテレビや新聞に接し、同じ情報を共有する同質集団だといわれてきました。

経済的にも格差が少なく、「九割中流」といわれ、価値観も似通っていました。人と違った発言をしたり行動したりするのは「変わった人」だと見なされ、とかく白い目で見られがちでした。

しかしその同質社会も、いまは多様化が進んでいます。いや、以前から多様な人が存在していたのですが、そこに目を向けなかっただけなのです。「日本は単一民族だ」といわれてきましたが、現実の日本にはアイヌ民族だけでなく、渡来人などたくさんのルーツを持つ人たちが存在します。現在の日本の農業も製造業も、外国人労働者によって支えられています。

経済的には、起業で成功した人や利益を上げている企業の幹部が高額所得を得ている一方、離婚して子育てをしているシングルマザーや非正規労働者など、厳しい生活をしている人も増えて格差が大きくなっています。

ＬＧＢＴＱといわれるレズビアン、ゲイなどの同性愛者、バイセクシュアル、トランスジェンダーといわれるような、性の境界があいまいな人たちの存在も明らかになりました。また高齢社会の進展で、活動する年齢の幅も広くなっています。

こうした多様化とともに見逃せないのは、インターネット、ＳＮＳの普及で、新聞やテレビなどの大マスコミの影響力が衰え、情報の分断化が進んでいることです。

自分の好きな情報、同じような意見だけに接している人たちは、たこつぼの中にいるような状況です。

こんな形でさまざまな多様性が進むなかで、自分と異なる人を排除しようとする人たちがいます。

異質な人に反感を持つ人はどこの社会にもいて、日本より少子高齢化が早くはじまったヨーロッパでは外国人労働者を早くから受け入れてきましたが、近年、排斥機運が高まっています。

ヨーロッパの経済も社会も、大量に移住してきた移民抜きには維持が不可能になっているのに、各国で「反移民」を掲げる右翼政党が支持を伸ばしています。

イギリスがEUからの離脱を決めたのも、「外国人労働者がイギリス人労働者の職を奪うからだ」と反感を持つ貧しい人が増えたからです。

「民族のるつぼ」といわれるアメリカでも「コロナは中国から持ち込まれた」とする人々が中国系・アジア系の人にいやがらせをし、暴力行為を振るうヘイトクライム（憎悪犯罪）が増えてきました。

## 「少数者」の話をまずはよく聞くことから

日本も例外ではありません。

「美しい日本と伝統を守ろう」と主張する人たちが、「外国人は出ていけ」とヘイトスピーチをしています。

私自身は、人口が減り働き手が不足する日本にとって「異次元の少子化対策」は外国人受け入れの促進ではないかと考えています。

でも、外国の人たちが差別されることなく、気持ちよく働ける国にならないと、誰も来てくれません。現実に、アメリカやヨーロッパではフィリピン人の看護師さんや介護人が引っ張りだこです。それなのに日本人が差別しているので、日本に来ようと思わなくなってしまいます。

私たちはこうした外国の人たちを差別することなく、同僚としてリスペクトし、受け入れなければ社会が成り立たなくなっています。外国の人に住みよい国にする利他的行為が私たちの社会の維持につながるのです。

ですが、そうはいっても外国人に対する違和感、反感は急にはなくなりません。どうすればよいのでしょうか。

まずはこうした少数者（マイノリテイ）の人たちの実像を知ることが先決だと思います。同性愛者といっても社会生活上の問題はまったくないはずです。むしろ才能や感性の優れた人も多いのだと知ること、そして直接、そうした人たちの話を聞くことです。

たとえば自分でレズビアンと宣言しているKさんは頑張り屋のキャリアウーマンで、女性と同居している以外はまったく変わったところはなく、仕事は有能で服装のセンスもよい、魅力的な中年女性です。

外国人に対しても同様です。たとえばNさんは、とても家事能力があるフィリピン人女性です。日本人男性と結婚したのですが、夫やその家族から差別を受けて離婚せざるを得なくなりました。とびきりきれいに掃除してくれるのですが、読み書きが十分でないため、日本企業で正社員として働くのは難しい。そんな事情を知れば「大変だなあ」と理解できます。

## 「自分とは違う」と勝手に決めつけないこと

私たちは「同性愛者」「外国人」というと、無個性な塊としてひとくくりで見てしまいますが、一人ひとりは個性もさまざまで、それぞれの事情を抱えながら頑張っている存在なのです。そんな彼らの苦労がわかると、差別する気持ちも失せていくはずです。

はじめから「私と違う人」「住んでいる世界が違う」なんて決めつけてしまわないで、相手をよく知るのが、差別意識をなくす第一歩です。

機会があれば彼女たち個人と対話してもらいたいものです。すると「それぞれの悩みがあるんだ」と思えて、自然と相手に共感できるはずです。

これからの日本は職場にも近所にも、外国の人が増えていくはずです。一朝一夕に彼らに対する違和感が消えないとしても、いじめをしない、仲間はずれにしないことなら不可能ではないはずです。それは日本人というより、人間としての基本的なマナーです。

同性愛者や外国の人ばかりではありません。日本人でもシングルマザーや難病や障害を抱えている人などは、いろいろな悩みを持ちながら暮らしています。

離婚後、二人の男の子を育てている女性は、安定した仕事と収入はあるものの、思春期にさしかかる男の子たちとの関係に、「やはり母親だけでは難しい」と悩みを抱えています。

一方、六〇歳のある母親は、せっかく成人した息子が職場のいじめで出社できなくなり、うつ的症状を治療しながらアルバイトを転々としているのに心を痛めています。

新聞雑誌などでこうした課題を理解するだけでなく、当事者から自分で話を聞くと一番有意義で心をうたれます。

それぞれの課題、苦しみ、悩みを実感すると「お互いさま」「できることなら力になってあげたい」という利他的な気持ちが自然と湧き出てくると思います。

# 「いい友」を得る秘訣

「友を選ばば書を読みて、六分の侠気四分の熱」というのは与謝野鉄幹の詩です。人生を豊かにするうえで友人はとても重要です。

私は、友人は「選ぶ」ものではなく「出会う」もの、友情は「育てる」ものだと思っています。

なんでも打ち明けることのできる友人、自分の長所も欠点も受け入れて励ましてくれる友人がいてほしいと、多くの人は願います。

人生、そうした友人に巡り会えば、それはとてもすばらしいことではありますが、それは現実には難しいことでもあります。

そうした友人との出会いに恵まれるのは縁に左右されます。そして友情にまで育つのは、出会ったあとのつきあい方が大きくものをいいます。

出会いは偶然のものです。たまたま近所に住んでいた、中学や高校で同級生になった、職場の同僚のなかで気が合った、などなど。

しかしせっかく出会って、しばらく親しくつきあっていても、引っ越したり卒業したり、転勤すると、いつの間にか接する機会が少なくなり、やがて連絡先もわからなくなっていきます。

しかし、いくらこちらが素敵だな、立派だなと思う相手でも、きっかけがなくて親しくなれない場合も多いのに、いっときとはいえ親しくなれたのは、とてもラッキーなこと。その縁が消えてしまうのはさびしいことなので、細々でもいいから、友人とのつながりは保ちたいものです。

昔は年賀状や暑中見舞いが、そうしたつながりを保つ手段でしたが、いまはメールやSNSなど、いろいろな手段でつながることができます。ただ私は、オンラインでつながるだけで満足せず、たまには直接会うことも必要だと思います。

ともあれ、出会った人とのつながりを続けていけば、単なる幼馴染みや同僚が大事な友人になっていきます。

そうした友人の何人かが、できれば「人生の伴走者」になってほしいものです。お互いが別々に生活していても、動向は把握している。何もかも理解しているほどではないが、互いに好意を持っていて、頼まれれば助け合う……。

こうした友人を大事にしていきたいものです。そのためには偶然の出会いから一歩進んで、メンテナンスの努力が必要になります。

メンテナンスとは、一方的にどちらかだけが助けてもらうのではなく、できることでお返しをして、互いに感謝を伝えることです。縁があって出会った友人のなかで、いろいろなことを教えてくれる人、いい人を紹介してくれる人、仕事で協力してくれる人、よい医者や病院を紹介してくれる人……つながりは、そうしたやりとりのなかで深まっていくのです。

ではどうしたら、そんな「人生の宝」といえる友人に恵まれるのでしょうか。

それは、自分がしてほしいことを相手にする利他的行動がカギです。たとえば、相手の役に立つことを教える、相手の長所を褒める、相手の成功や幸福をよろこぶ、相手の行動に感謝する……。

## いまからだって「新友」も「親友」もつくれる

先ほど「褒めることが大事」と述べました。現代の日本人は、全体として自己肯定感が低い傾向がありますが、自己肯定感を高めるには人に与えること、感謝することが有効だといわれています。

私の経験からも、友人から感謝されたり、自分の善意や努力を認めてくれたり、自分の能力を高く評価してくれる友人がいたら、自己肯定感は高まり幸福になります。

友情は、自分が友人のよいところを発見してそれを伝え、頑張っているのを応援することで育まれます。褒めれば相手もよろこびますが、よろこぶ相手を見ている自分自身もうれしく、幸せになります。

つまり「利他の原理」が働くのですが、利他的に行動するのが友人を得る秘訣です。そうした友人のなかから、生涯の親友ができるかもしれません。

人生で友情を培った大事な友人も、高齢期になると亡くなったり、病気などで交流できなくなったりしていきます。これはとても悲しいことです。

年を取ったら友人、とくに親友は少なくなり、新しい友人はできないからさびしくなるだけだと思い込んでいる人も多くいます。

でも心がけしだいで、年を取っても新たな出会いに恵まれます。といってもいきなり友人、親友との出会いを期待するのではなく、新しい知り合いを増やし、そのなかから友情を育んでいけばよいのです。

そうした新しい出会いに恵まれるには、若いときや壮年期もそうですが、新しい環境に身を置くことです。

新しい場に行けば新しい出会いがあります。習い事でもリハビリでも、新しいことをはじめて、新しい場に出るのです。そこで新しく出会った人のなかで気が合う人ができる可能性があります。

その人が励ましたり助け合ったりすることができる「新友」になるかもしれません。もちろん一方的に待っているだけでなく、こちらから働きかける、言葉をかけることも大事です。

あるいは、ご無沙汰していた同窓会に顔を出すと、昔にはなかった新鮮な出会いがある可能性もあります。

「新友」でなくても、「推し」の人を見つけて応援するのもおすすめです。友人は相互作用の産物で相手の気持ちに左右されますが、「推し」やファンの場合は、こちらが一方的に応援していればいいのですから、ハードルは高くありません。気に入った人を「推し」、つまりファンになって応援しましょう。アイドルやスポーツ選手だけではなく、身近にも一生懸命頑張っている人がいるはずです。

そんな形で、高齢になっても人を褒める、応援する、助けようとする人のまわりには、新友が集まってくるはずです。

## 「小さな支え合い」が孤立を防ぐ

現在の日本は、病気や障害、解雇などで収入がなかったり、少なかったりして経済的に自立していけない場合、生活保護制度で扶助してもらえます。資産がないか、ほかに扶養してくれる親族はいないかなどの審査はありますが、この「生存権」は憲法でも保障された権利として認められています。

それでも「生活保護を受けるのは恥ずかしい」と、申請せず、食べるものも食べず、栄養失調になってしまう人もいます。

年金や医療保険は自分が保険金を拠出しているので「受け取る権利がある」と考える人が多いのですが、生活保護の受給はためらってしまう人が少なくありません。

国の制度や行政はそうした困難な状況にある人を支える、社会全体としての「与援力」なのです。現在の日本の社会保障はかなり充実しています。こうした生活困窮者には経済的なサポートだけではなく、医療、職業紹介、職業訓練、精神カウンセリングなど、たくさんの支援が行なわれています。

もちろん公的な「与援力」の充実は最後のセーフティーネットで大事ですが、「困っている人を支えるのは行政の役割でしょう?」と考えないでほしいのです。そうなってしまうと、かえって隣がどんなに困っていても知らん顔となって、個人同士の助け合いが少なくなってしまう危険性があるからです。

行政がどんなに手厚く整備しても、必ず制度からこぼれる人は出てきます。「行政まかせ」の意識が強まると、周囲に困った人がいても、助けるのは自分の責任ではないと考える人が増えてしまいかねません。それでは孤立した個人が増えてしまいます。

一例を挙げましょう。二〇〇〇年に介護保険制度が施行されましたが、そのとき「親の介護もしない親不孝者を増やすのか」と批判した人たちもいました。高齢者が増え、子どもたちだけでは介護を支えきれなくなったので公的に支える制度が必要になったのに、「家族の助け合い、自助努力が大切」という旧弊の価値観にとらわれて、現実を見ようとしない人たちが少なくありませんでした。

介護の分野だけでなく、あらゆる場で共助は必要です。ところが何から何まで「行政の仕事だ」といろいろな要求が市役所に寄せられるので「すぐやる課」をつくった市もあります。

向かいの家が夜騒いでいてうるさいので注意してほしい、ちょっと用事を済ませる間だけ子どもを見てほしい、家のまわりの道路をきれいに清掃してほしい、一人暮らしの高齢者の家の電球を交換してほしい……。こうした利己的な要求をしていると税金が必要なところに回せなくなります。

本来は個人で解決すべきこんな問題にまで、行政サービスとして要求する姿勢には首をかしげます。しかし孤立した生活をしていると、行政以外に近所に依頼できる相手がいないのです。

こんな小さな支え合いこそ、行政に頼らず、「お互いさま」と助け合いでできないものでしょうか。

## 「自立が基本、でもいざというときは助け合う」関係を

温かい社会には人間同士の助け合いが大事といっても、世の中はなかなか理想どおりには進みません。なかには人に迷惑をかけて平気な人もいます。

特に「他人には助けを求めることができないが、親や兄弟なら迷惑をかけるのがあたりまえ」と考える身内もいます。まさに「甘え」です。そういう人には「身内といえども人に頼るな」「自分の始末は自分でつけろ」といわなければなりません。

ただ、そこのバランスは本当に難しく、友人や他人との人間関係をうまく結べないから家族に甘えるという例が多いのです。

それを突き放してしまったら、それこそ孤立してしまうかもしれません。それでも、そのまま甘えさせるのではなく、できるだけ自立できるように支援しなければなりません。

一方で「世渡り上手」といわれる人がいます。いろいろな人から上手に助けを引き出すことができる人です。

しかし、『Ｇｉｖｅ ＆ Ｔａｋｅ「与える人」こそ成功する時代』（アダム・グラント／楠木建監訳／三笠書房）という本によれば、ギブする人のほうが長期的には信頼され、協力者が増えて成功する。自分だけ成功しようとテイクを優先する人は警戒され、嫌われ、それほど成功しないということです。

求められるまま助けに応えていると、ときには利用されるだけということもあります。しかし長期的には「与える人」が人から信頼され、協力を得ます。

他人に助けを求めてはいけないと頑張っている人もいるので、「困っている人をすべて助けましょう」なんて一概にはいえません。相手の人柄や性格もわかっている、気心の知れた人を、できる範囲で助けるというのが現実的な対応でしょう。

ただ、災害に見舞われたり、病気や障害で苦しんだりしている人には、たとえ見ず知らずの相手であっても、無条件で手をさしのべてほしい。温かい社会を築くために、そんな人が増えてほしいと願わずにはおれません。

3章

# 「本当の幸せ」はどこにある?

お金のこと、仕事のこと、将来のこと

## 幸せな人生を送る「絶対条件」

幸せな人生を送るのに必要な「条件」はなんでしょうか？

健康、所得や資産、社会的地位や名誉、ビジネスでの成功などいくつかの要因が挙げられますが、「家族や友人などとの人間関係が一番大きな要因」だと、ハーバード大学の八四年にわたる史上最長の研究「成人発達研究」が導き出しています（『グッド・ライフ――幸せになるのに、遅すぎることはない』ロバート・ウォールディンガー／マーク・シュルツ／児島修訳／辰巳出版）。

これは、一九三八年ごろからハーバード大学の二年生二六八人とボストンの都心部の地区に住む四五六人の少年を対象にした調査研究です。

当初は調査対象者が白人男性ばかりだったので、途中から女子大の卒業生が加えられるなど一部変更されたりしましたが、基本的にこの調査は現在も継続されています。最初の対象者はいま七〇代から八〇代になっています。

被験者は最初に全員、対面調査を受け、家庭を訪問しての両親の対面調査と健康診断も行なわれました。二年ごとに調査票が送られるほか、約一五年ごとに対面調査が実施されるという長期間の調査です。

やがて少年たちは大人になり、多様な職業に就き、結婚して家族をもったあとも調査は続けられました（離婚したり、独身を続けたりする人もいます）。八四％の被験者が調査を継続しているというのは驚異的です。配偶者や子どもたちも同意を得て調査対象者に加えられましたが、その割合も六七％、こちらも驚異的な高さです。きっと調査が彼らの人生を振り返る機会になっているからでしょう。

被験者のなかには社会的に成功した人も、しなかった人もいます。経済的に恵まれた人も恵まれなかった人もいます。

しかし彼らのほとんどは七〇代、八〇代になった現在、「人生でもっとも大切なのは家族と友人との人間関係だ」と繰り返し述べていました。

私たちはとかく、人間関係に恵まれるかどうかは相手しだい、どんな相手に出会うかは運しだい、相手しだいと考えがちで、仕事や経済的成功のように、自分が努力して手に入れるべきものだと考えていない傾向があります。

しかし、この調査からわかるのは、よい人間関係を手に入れるには利他的行動が必要で、そのための努力に時間とエネルギーを投資しなければならないということです。

## 「自分がしてもらいたいことを相手にする」のが鉄則

これはハーバードの調査研究に限らず多くの人が実感しています。よい人間関係を手に入れるには「自分がしてもらいたいことを相手にする」というのが鉄則です。

相手の自分に対する関わり方は変えられませんが、自分が相手にどう関わるかは自分の意思です。よい人間関係という無形財産を形づくるには、自分からの働きかけが必要です。

たとえば、出会ったときに温かい笑顔で接する、無視したりバカにしたりしたような態度を取らずに丁寧な対応をする。ご無沙汰している知人や親類に電話をかけたり手紙やメールを出す、さりげない贈り物をする、手伝いを頼まれたら快く引き受ける……。

そんな小さな「与える」積み重ねが、よい人間関係をつくります。逆に、どんなにすばらしい人と出会っていたとしても、出会っただけでこちらが働きかけず、何も与えず、好意も見せなければ、相互の人間関係には発展しません。

このハーバード大学の研究調査では、配偶者と信頼関係を築いている被験者は、幸せに過ごしています。

夫婦の信頼関係は自然に得られるものではなく、ともに生活しながら、二人でつくり上げるものです。

多くの夫婦は長い間に、山あり谷ありのいろいろな状況に直面します。厳しい状況のなかで破綻する関係もありますが、相手を支え、協力して苦難を乗り越える過程で、お互いへの信頼関係を育てたカップルもいて、その人たちが一番幸福です。

たとえば被験者のうち一番幸せな一人とされていた男性は、貧しい家庭の出身ですが努力して大学を卒業したあと、企業に就職し、結婚しました。

しかし、子どもが小児まひにかかり、その看護に時間を取られるので解雇され、失業、転職を経験します。

でもその苦しい期間も、夫婦は助け合い、夫が失業したときには妻が就職して家計を支えました。そうした、苦労をともに乗り越えた経験が、二人の信頼関係を培ったので、高齢になったいまもお互いがかけがえのない相手となっています。

別の幸せな対象者は、ハーバード大学出身でしたが、母を支えるため地元で高校教師になり、多くの教え子から慕われる教師になりました。

彼はつましい生活のなかで五人の子どもを育てました。子どもたちとともに過ごす時間を充実させるため、夏休みに一人ひとりの子どもと個別にキャンプをするなどの努力が実り、成長した子との関係は信頼と愛情で満たされています。

経済的には、ビジネスパーソンや弁護士になったハーバード大学の同級生より恵まれませんでしたが、彼は温かい家族と友人に恵まれ、人生の「成功者」とされています。

# 「贅沢」は人を幸せにしない

現代社会では、若い人の多くは「経済的な成功が幸福な人生の大きな要因である」と考えています。

たしかに、お金、つまり所得は、成功の指標とされています。お金の有無で消費が左右されるだけでなく生活の基礎に深く関わっています。そして、お金を生み出す仕事の成功や社会的地位は、自尊心、自由、選択、家族を養いよろこびをもたらします。

資産は現在だけでなく、子どもの教育を通じて将来の希望を持つことなどにつながってきます。したがって、お金が人生の幸福度を測る第一の基準ととらえられるのも無理はありません。しかし、お金がたくさんあってもそれだけでは幸せになれないのも事実です。

古い宗教や道徳の教えは「幸せはお金では買えない」「人はパンのみにて生きるにあらず」などと清貧を推奨し、貪欲を戒める言葉や利他をすすめる言葉に満ちています。

紀元前五世紀ごろの古代ギリシアのアリストテレスなどの哲学者たちにはヘドニア（快楽主義）とユーダイモニア（よき人生）の二つの幸福に関わる考え方がありました。食欲、性欲、所有欲などの欲望を満たす短絡的快楽が幸せの源だと考えるのがヘドニア、それよりもう少し長期に精神性や倫理性を重視し、利他性や目的の達成を重視するのがユーダイモニアです。

こうした「いにしえからの知恵」を科学的に解明しようという研究も行なわれています。

二〇一〇年、プリンストン大学の経済学者アンガス・ディートンと心理学者のダニエル・カーネマンは、世論調査会社のギャラップ社が一年間実施した調査を使って、お金と幸福の関係の定量化を試み、当時のアメリカにおける「幸せの分岐点」となる所得が約七万五〇〇〇ドルであることを明らかにしました。

これは当時のアメリカの平均世帯年収に近いのですが、これより所得の低い世帯では、年収が増えるほど「笑い」や「楽しさ」など感情面の「幸福」を示す指標の量が増加するのです。

ところが、約七万五〇〇〇ドル以上では、収入の増加が幸福感の増大に結びつかなくなるのです。

## 「必要以上のお金」は幸せとは関係がない

彼らは「たとえば年収三万ドルの家庭より四万ドルの家庭のほうが幸福度が高い。四万ドルが五万ドルに増えると幸福度も増加する。幸福はお金で買えるわけではないが、収入が増えると感情面の苦痛が減る」と述べています。

たしかにお金に不自由していると生活を維持する経費の支出に追われます。必要最低限の暮らしを送るための経費、つまり家賃（住宅ローン）、食費、交通費、衣服費、教育費、医療費などの支払いに苦労すると気持ちの余裕がなくなり、ストレスが増します。日本でも、お金がないために闇バイトのような怪しげな金儲け話に騙されて一生を棒に振ってしまう若者さえいます。

でも生活の基本的な経費を上回る所得があれば、人生をある程度コントロールできるし、自尊心も満たされます。生活の基本的経費（金額は人により差があります）を上回る所得があることが大事なのです。

他の国での調査でも、低所得層ではお金が何よりも幸福の指標として重要であることは共通していました。一人当たりGDPの低い貧しい国では、経済成長が最大の政策目標となります。しかし、ある程度の中所得になると、人々は所得の増加だけでは満足しなくなり、地位や影響力、自尊心、そして人間関係により重きを置くようになるのです。

日本においても同じようなことがいえるのではないかと想定されます。

平均世帯所得を上回る程度の所得（いまは約八〇〇万円程度でしょうか）までは所得は大きな意味を持ち、収入の増加は幸福度を増しますが、それ以上になると、所得の増加では幸福度は増しません。

「少し支出が増えても必要経費は一応賄えるので動揺しない」ほどの余裕ができる所得は重要です。

もちろんこれは一律ではなく、周囲の人との比較にも影響されます。同じ程度の所得でも、友人や同僚、近所の人の所得が高く、暮らしぶりがよいと「もっと所得が欲しい」と思いますが、比較的収入が低く、つましく暮らす集団に属していると、「そのなかでは恵まれている」ので満足するのです。

私自身、公務員や大学の職員という、経済的に安定しているものの、収入は中程度の集団のなかで生活してきたので、「贅沢」に心乱されずに生きてこられました。きっと収入を見せびらかしたり、贅沢をするのを競うような集団にいたらこうはいかなかったでしょう。

## お金で「得られるもの」「失うもの」

私は、お金は幸福にとってある程度は必要だけれど、どれだけ持っているかより、その使い方が重要ではないかと考えています。

しかしお金に関しては「どう稼ぐか、どう貯蓄するか（どう倹約するか）、どう増やすか」という助言や指導の本はたくさん書かれていますが、「幸せな人生を築くための賢いお金の使い方」について書かれたものは、ほとんど見られません。

前項で紹介したように、お金をブランド品などの贅沢品に使っても満足感はすぐに薄れ、幸せにはつながらないのです。

どういうお金の使い方が幸せをもたらすのかを考えることは重要です。特に必要経費以上の収入や資産のある人にとっては、賢いお金の使い方を身につけるのは教養のひとつです。

人間には適応能力があり、同じように贅沢や恵まれた環境でもすぐに慣れて、ありがたみを感じなくなります。高額の宝くじに当たって有頂天になっても、一年後には幸福度がほかの人と変わらなくなるという研究もあります。お金や、それによって得られる欲望の達成から得られるよろこびは、先に述べた「ヘドニア」(快楽主義)に属するよろこびで、特に短い間しか持続しない傾向が強いようなのです。

バーゲンセールのバッグでなく、その一〇〇倍以上の価額のブランド品を買ったり、中古のボロ車から最新性能の新車に乗り換えたりすれば満足感が高まり、幸せになると思うかもしれません。でも、欲しいものを手に入れ、夢が実現すればすぐに「あたりまえ」となって、幸せは長続きしません。むしろ無駄遣いをしてしまったと後悔するかもしれません。

「サイエンス・オブ・ハピネス」の研究をリードする心理学者でカリフォルニア大学

教授のソニア・リュボミアスキーは「何かを持てば幸せになる、何かになれば幸せになる」という思い込みは「幸せの神話」だといっています。神話であって現実ではないということです。

また富は人々に最高の経験をもたらすが、小さなよろこびを味わう能力を奪うとも語っています。

## 「いい経験」にお金を使うと人生が豊かになる

食欲や性欲や所有欲などの欲望を満足させるヘドニアの幸福は長続きしません。それより行ったことのない場所に旅行するとか、友人やパートナーとの休暇や外出といった「経験」にお金を使うことは思い出を豊かにします。また、自分の成長や子どもへの教育にお金を使うことは、自分の心を豊かにしてくれるだけでなく、将来の豊かさをもたらしてくれる投資です。

たとえば親しい友人たちと一緒に旅行や食事をすれば、共通の経験を分かち合うことができます。私も大学時代の親しい友人四人と故郷の温泉に行った旅の思い出は、そのうちの二人がなくなってしまったいまは、かけがえのない思い出となっています。母親を連れ出したハワイ旅行では、彼女がどんなによろこんでくれたか、母がなくなったいまも私の心を温めてくれます。

安定的な収入が確保できることは必要ですが、いまを充実させるように賢くお金を使うと人は幸福になり、長い目で見ると将来の人生の成功の可能性を高めます。

無駄遣いや、バカな浪費でなく、私は幸せな人生のためには「無形資産」への投資が必要だと思っています。貯蓄や不動産のような有形資産への投資ではなく人間関係、健康、知識・スキル、教育などの無形資産への投資です。

こうした無形資産への投資——無形資産を増やすための行動こそ「与える」ことなのではないでしょうか。

人助け、感謝、応援などを与えることが人間関係を豊かにし、自分や家族への教育が、将来につながる無形の資産となるのです。

利他的行動は将来への投資なのです。

# いまを充実させ、幸せになるためのお金の使い方

いまを充実させ、幸せになるためのお金の使い方として、ハーバード大学ビジネススクール教授のマイケル・ノートンとブリティッシュコロンビア大学教授エリザベス・ダンは「経験を買う」「ご褒美にする」「時間を買う」「いま払ってあとで消費する」「他人のために使う」の五つの原則を挙げています。

モノを手に入れたよろこびは一過性でしかなく、時間がたつとそのありがたみが薄れますが、経験に対する支出は時間がたっても思い出として残り、満足感が増します。

もちろん「経験を買う」といってもすべてが幸せをもたらすわけではありません。

飲酒、薬物、賭博、買春などの「経験」にお金を使うのは後悔と罪悪感をもたらし、健康を損ね、場合によっては人生を破壊してしまいます。

幸せと満足をもたらす経験として、ノートンは次のような条件を挙げています。

①誰かと共有し、社会的つながりを実感できる
②これから先も何度でも語りたくなるストーリーが生まれる
③ありたい自分や、なりたい自分をしっかりと実感できる
④比較できない特別な経験ができる

たとえば私は二〇一二年の夏、女性の副首相との縁があって生まれてはじめてロシア連邦の一つの国・サハ共和国を訪れました。サハ共和国は日本の八倍以上の土地に九八万人しか住んでいない、東シベリアの広大な土地に広がる極寒の地です。レナ川をさかのぼり、シャーマンの祭りを見たり、氷の殿堂で夏でも零下二〇度の寒さを体験したり、いまでも鮮やかな記憶が残っています。

それによって仕事がうまくいったとか、論文が書けた、旅行記を書いたなどの具体的なメリットはありませんでしたが、その五日間の旅は、いまでも特別な経験として、忘れられない記憶となっています。

亡くなった母を京都旅行に連れ出したことも忘れられません。私の出張と日程を合わせた、暑い時期のあわただしい旅でしたが、母は修学院離宮の説明や、祇園の山鉾（やまぼこ）の細かいディテールを何度も思い出して語ってくれたので、そのたびに私は、いいことをしたなと心がほっこりしてうれしかったものです。これは①と②のミックスです。

そんなよい経験もあって、私は依頼された外国講演は時間さえあれば引き受けてきたのですが、ワルシャワ大学、ベネチア大学などでの講演は大学同士の交流協定にも結びつき、とても幸せな経験になりました。

## 一番すばらしいお金の使い方

では次の「ご褒美にお金を使う」のはどうでしょう。何かやり遂げたとき、仕事を頑張ったとき、いつもより少し高価な食事や、飲み物、あるいはちょっとしたアクセサリーなどを自分へのご褒美にすると、幸せな気持ちが高まります。

自分だけでなく、子どもや友人などにも、一生懸命頑張ったらご褒美をあげるのも、人との結びつきを強めます。

三番目の「時間を買う」は、より大切なことに時間を使うためにお金を使うことです。

たとえば、忙しいワーキングマザーがお掃除サービスや料理のテイクアウトを利用するのはけっして無駄使いではありません。

それによって子どもとゆっくり過ごす時間が生み出せるし、疲れすぎてイライラしないですみます。そんな効果のある時間を買うのは、生きたお金の使い方だと思います。

掃除をすると気分転換になってすっきりし、幸せを感じるという人はお掃除を外注しないでしょうし、料理が大好きな私は外食より家で調理するほうが好きですから、外食やテイクアウトはあまり利用しません。人によって時間の価値は異なるので、自分が幸せな時間だとは思えない時間を減らすためにお金を使うのです。

「いま払ってあとで消費する」というのは、たとえばパック旅行に申し込む、予約でディズニーランドやコンサートのチケットを手に入れることなどです。実際に楽しむのはいま現在でなくても、行くまでの楽しみでワクワクして幸せになります。

一番すばらしいお金の使い方は「他人のためにお金を使うこと」だそうです。利他的なお金の使い方が一番満足感が高くなるのです。

マイクロソフトの創業者で億万長者のビル・ゲイツは、自分の財産でビル&メリンダ財団をつくり、世界中の子どもたちを助けるなどの公益活動にいそしんでいます。フェイスブック（現メタ）創業者のマーク・ザッカーバーグも、子どもが生まれたのを機に、資産を寄付しました。

アメリカでは大富豪は公益的事業に寄付するべきだという文化があって、自分の能力を十分に発揮してバンバンお金を儲けるが、そのお金を財団をつくったり寄付をして税金として国に納めるより世のため人のために使うのが、もっともかっこいい生き方だとされています。大富豪でなくともふつうの人にも寄付文化が根づいており、大学や公益団体に多くの寄付が寄せられています。

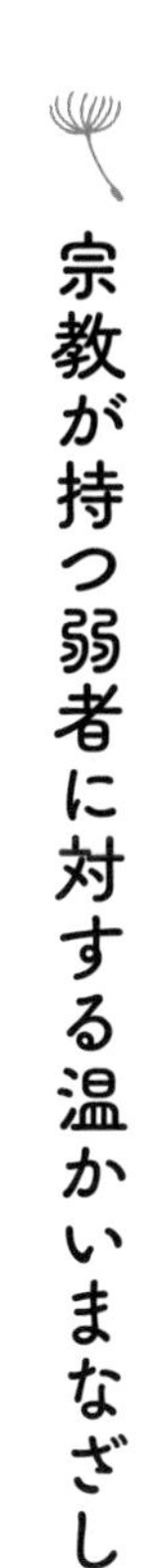

## 宗教が持つ弱者に対する温かいまなざし

よく母親は、自分は食べないで子どもに美味しいものを譲ります。それは「偉大な母性愛」とみなされますが、母親は自分で食べるより、美味しそうに食べる子どもの姿を見る幸福感に浸っているのでしょう。

私も、孫や子どもが、トウモロコシやメロンを美味しい、美味しいと食べるのを見ると、自分だけで食べるより、ずっと幸せな気分になります。

子どもや家族だけではありません。困っている人を助けることも人を幸せにします。貧しい人に対する寄付は、仏教では「布施」、イスラムでも「喜捨」として信者に義務づけられています。自分のために使わず、ほかの人に贈り物や寄付をする、社会的な活動にお金を使うと人間は幸せになるのです。

対象が同じ宗教の信者とか、出身校や出身地が同じとか、共通性があるほうが、より幸せを感じるのだと思います。

二〇一三年のＬ・Ｂ・アキニンの調査によれば、一三六か国のデータを地域別に考察したところ、どの地域においても献金や寄付などの社会的支出をしているかどうかが、幸福感に大きな影響がありました。

ビル・ゲイツのように巨額なものでなくても、社会のためにお金を支出するという行為は寄付する人の自尊感情を高めてくれます。

キリスト教では「汝の隣人を愛せよ」といい、仏教では「利他の慈愛」を説きます。現代の心理学や経済学でも同じように、利他的な行動が幸せになると示しているのは、人類が生き延びるためには助け合いが不可欠で、その社会的ＤＮＡが深く刻まれている種族だけが生き延びてきたのです。

その精神が自分を幸せにするだけでなく、現実の世の中を明るくし、危機を生き延びさせてくれます。

自然を収奪し、破壊して成長し続けた現代文明は、気候変動やパンデミックを制御できなくなっています。私たちは自己の利益だけを追い求めることをやめ、利他主義に変わることが必要になっています。

## 「感謝を忘れない」ための時間をつくる

人間というのは自分が貸したお金のことは覚えていますが、自分が借りたお金のことは忘れる生き物です。

お金だけでなく、本とかプレゼントも、あげたことは覚えていてもいただいたことは忘れたり、お世話したことは覚えていてもお世話になったことはつい忘れたりしてしまいます。

相手が「これだけ与えたのだから感謝してくれるだろう」と思っているのに、受けたほうは忘れてしまって、お礼もいわず感謝もしないので、お世話を受けた方との人間関係が悪くなることもあります。

逆に、自分が世話したのに相手はすっかり忘れていて、感謝の言葉ももらえなくてがっかりするというのも、よくある話です。

こんな行き違いが生まれるのが面倒で、それがいやだから誰の世話にもならない、誰の世話もしないという人もいますが、それはもったいない話です。できるだけ人の世話をしてもお返しを期待しない、受けたほうはお世話になったことに感謝して、お互いが幸せな気持ちになることを目指すべきです。

その大前提として、まず自分がしてもらったことを忘れないようにし、必ず感謝を伝えるようにすること。するとみんなが幸せになります。

感謝を忘れない。

これは記憶力ではなく意識の問題です。自然にまかせていると、お世話になったこと、してもらったことは忘却の彼方に消えていってしまいます。多くの宗教が祈りの時間を大事にしているのは、それを思うためでしょう。

無宗教の私たちも、しっかり思い出す時間をつくりましょう。それは、意識的に振り返る習慣をつけることです。

たとえば神社を参拝するときに、「学生時代には、あの人にお世話になったな」とか、「子どもを育てていたときには、あの人にもお世話になったな」と思い出し、手を合わせ、感謝するのを習慣にするのです。

親兄弟はもちろんですが、あらためて思い出すと、いつも励ましてくれた近所のおばさん、優しくしてくれた学生時代の先輩、仕事を教えてくれた上司、子どもを預かってくれたママ友などなど、人生のそれぞれのステージでいろいろな人のお世話になった記憶が蘇ってくるはずです。小学校のクラスメート、担任の教師などの顔を思い浮かべていくと、あの子は勉強を助けてくれた、一緒によく遊んだな、などと、ぽつぽつと思い出すはずです。

## 今度は自分が誰かを支える番

前にもふれましたが、私は通勤途中にある地元の神社にお参りするとき、あるいは夜、お風呂のなかで、感謝のための時間を持つようにしています。

すると、自分はいろいろな方たちの支えを受けてきたのだと、あらためて思うことができ、今度は自分も誰かを支えなければという気持ちになります。

まれには、自分は子ども時分から誰の世話にもならず、一人で生き抜いてきたと思い込んでいる人がいます。

でもそれは本人が気づいていないだけで、祖父母や学校の先生など、必ず気にかけてくれた人がいるはずです。病気やけがをしたときに、きちんと治療してくれた医師や看護師さんもいたはずです。そういう人たちを思い出して感謝しましょう。

昔のことを思い出すのが苦手という人は、今日一日誰の世話になったか、誰が温かく接してくれたか、うれしい言葉をかけてくれたかなどを、思い出してみるとよいと思います。

本当によくできた人格者なら、努力しなくても自然に感謝の思いが湧き出てくるものですが、大概の人はそうではありません。意識して思い出し、感謝する時間を持ちましょう。それは自分にとってけっして負担になることはなく、逆に幸せな気分をもたらしてくれます。

できれば心の中で感謝するだけでなく、思い出したときにはがきを書いて出すと、つながりが強固で確かなものになります。メールでもいいと思います。

負担にならない範囲で、ゆるやかにつながり、自分を支えてくださった方と長いつきあいができるといいですね。

# 人生、「八勝七敗」のすすめ

大相撲は一場所一五日、それぞれの場所で八勝七敗だと「勝ち越し」です。それを続けていけば昇進します。

どんなに強くても一五勝全勝はとても難しく、優勝力士でも一三勝ほどです。野球選手の打率も三割行けば上々。あの大谷翔平選手だって七割は三振したり、凡打で打ち取られたりしているのです。

人生も同じだと思います。うまくいったことと、うまくいかないことが混在するのが人生。だから、うまくいったことが、うまくいかなかったことより少し多い程度でも十分に幸せなのではないかと思います。うまくいったことばかりで、何も失敗しない人生はあり得ませんし、失敗しないのはリスクを取っていない、つまり、うまくいく可能性の高いことしかしていないということです。

失敗したらおしまいだ、失敗しないようにしなければ、という気持ちが強すぎると、小さく縮こまった人生になってしまいます。

失恋が怖いから恋愛しない、離婚するのが怖いから結婚に踏み切らない、落第するのが怖いから試験を受けない、業績評価が怖いから外資系企業にはいかない、落選が怖いから選挙に出ない、事故が怖いから旅行に行かない、倒産が怖いから起業しない、という人はたくさんいます。

たしかに、チャレンジしなければ失敗はないし、安定した生活が維持できるかもしれません。

また、失敗すると周囲に迷惑をかけてしまう、人に迷惑をかけないようにしなければならないから失敗する可能性のあることには手を出さない、という人もいます。しかし失敗して迷惑をかけても、そのあと倍返しで、かけた迷惑を取り戻すこともできるのです。チャレンジしてはじめて、それまで気がついていなかった自分の力に気がつくこともあります。

失敗で迷惑をかけるのを恐れるのは、自分が迷惑をかけられたくないという気持ちが強く反映しているのです。「少しぐらい迷惑をかけられてもお互いさま」と思えれば、自分も適度に迷惑をかけるのを恐れなくなります。

「失敗したらおしまいだ」と思い込んでいる人はたくさんいますが、現実には失敗しても、そこから立ち上がった人はたくさんいるのです。けっして失敗で人生が終わるわけではありませんし、失敗すると一生みじめな状態が続くわけではありません。

たとえば一九九七～九八年の金融危機で、日本長期信用銀行、三洋証券、北海道拓殖銀行など、日本の大銀行や大証券会社がいくつか倒産したり、合併されたりして、多くの人が転職を余儀なくされました。

私も当時は「定年まで働くつもりで就職した大銀行が倒産するなんて、なんて運が悪い、気の毒な人たちなんだろう」と同情したものです。

しかし転職して苦労された方も多かったでしょうが、その後四半世紀たってみると、彼らはそれぞれ新しい職場で頑張って、成功しています。大銀行で定年まで働くより、むしろいろいろな分野で新しい経験を積み、充実した職業生活を送ったのではないか、そう思える方がたくさんいます。

定年まで働くつもりだった安定した職場がなくなって、否応なく転職・求職せざるを得なくなったときは大変で不運だと、嘆いていたかもしれません。

でも数年すると、力のある人たちは新しい職場で新しいチャレンジをはじめています。多くの人は組織が固まっていた大企業より、自分の能力を発揮しているのです。

## 利己心を捨てると、人生の可能性がもっと広がる

もちろん、安定した仕事について収入を得て、安定した家庭を築き、そこそこの生活を送るというのも幸せな人生です。八勝七敗でいろいろ苦労するより、勝負をしないほうがよいという考え方も否定しません。

しかし、あまりに安定を求めすぎると失敗を怖がるようになります。失敗を恐れる

と何もできず、何もしないで終わってしまう。それでは人生に不完全燃焼感が残ります。

失敗するかもしれないけれどチャレンジしてみると、うまくいかなくても納得できるはずです。ヒットは打てなくても、打席に立ち続けましょう。

そして、失敗することで多くの人は人間的に成長します。状況判断、能力・スキル、何が足りなかったか、いやというほどわかります。失敗するつらさ、悔しさ、恥ずかしさ、自信喪失、絶望を経験すると、そうした状態にある人の悔しさ、つらさがよくわかってきます。

どん底に陥ったとき、人からかけられた温かい一言がどんなにありがたいか、身に沁みます。また新たに失敗したり苦労したりすることがあっても、以前に一度失敗を経験していると、自分はあの苦しさに耐える力があったのだから、今度もなんとか乗り越えられるだろうと考えることができ、「大丈夫、何があってもやっていけるさ」という自信につながります。

失敗を恐れない気持ちになるには、このような「失敗しても自分はなんとかなる」

という自己肯定感が必要なのです。

それだけではありません。自分が持っているものを失いたくない、損したくない、苦労したくないと失敗を恐れるのは、自分の利益を守ろうとする「利己心」にとらわれているからです。そんな利己心にとらわれていると、失敗を恐れすぎてしまいます。

そこで、少しだけ利己心から解放されるように意識してみましょう。すると、もう少し柔軟にいろいろなことに挑戦できます。それによって人生の可能性が広がっていくのです。


これまで述べてきたように、自分の利益のためだけでなく、社会がよくなるように、困っている人に役に立つように、もっと人々の暮らしが便利になるように、など、少し利他的な気持ちを持つようになれば、挑戦する意欲が湧いてきて活動範囲が広がります。

失敗を恐れすぎるのは、利己心にとらわれているからです。利他心にスイッチを入れれば、リスクを取る勇気も湧いてきます。

# 失敗は、あなたの人生を豊かにしてくれる

「幸せな人生とは？」と聞くと、順風満帆、大きな失敗をしないで平穏に生きていく人生のこと、と答える人が多いのではないでしょうか。

でも、それは大きな誤解です。

じつは私も大学受験のころは、失敗するのは能力がない証拠、失敗したらみじめな人生を送るだけになってしまうと考えていました。

しかし長く生きていろいろな経験をしてくると、成功か失敗かは紙一重、どれだけ実力があっても準備をしていても、うまくいかないときもあること、逆に、人に助けてもらったり、タイミングがよかったりして、努力や苦労をあまりしないでもうまく

いくときもあることがわかってきました。

受験のように、学力がものをいう分野でも、たまたま得意な分野が出題されたかどうか、当日の体調がどうだったかなどで左右されます。「実力」だけでなく、運も影響するのです。

仕事でも結婚でも、運がものをいう場面はたくさんあります。二一世紀の今日でも、政治家や実業家が大きな決断をするときに、占いやおまじないに頼る場合もたくさんあります。

私たち自身も、幸運を祈って神頼みをします。177ページで紹介する大谷翔平選手の「マンダラチャート」のように、運をよくするためにはどう努力すればよいかを考えるほうが合理的なのですが、つい幸運だけを祈ります。

しかし、人生はいつも成功し続けることはなく、失敗もあれば成功もあるということがわかってきます。たとえ大きく成功しても、それがイコール幸せな人生に結びつくというものではありません。

身近な例でも、志望の中学・高校に入学できても、速い進度の勉強についていけず自信を失い、落ちこぼれてしまう子どももいます。

有名な大企業に幸運に就職できても、周囲はみな優秀な人だらけで、なかなか活躍のチャンスが巡ってこないという人も、たくさんいます。

一方、第三志望の大学でよい先生に出会った、第四志望の職場で能力が発揮できたという例もたくさんあります。私は卒業生が「昭和女子大学で学んで、第一希望の大学に入学するより自分が成長できた」といってくれると最高にうれしいです。

世の中には、こうすれば必ず成功するという必勝法を教える本もたくさんありますが、そうした本を読んでも成功が約束されるわけではありません。

それより、失敗してもくじけない、あきらめない心の持ち方を学ぶほうが、よほど大切ではないかと思います。人生では、成功することより失敗することのほうが多いからです。

## 「せっかくのピンチをムダにするな」という教え

たとえば「失恋したらもう生きてはいられない」と思うこともあるでしょう。失恋で本当に自殺したり、心を病んでしまったり、いつまでも痛手を引きずっている人もいますが、圧倒的に多くの人は早かれ遅かれ立ち直ります。

しばらくの間は失恋を悲しみ、自分を責め、ライバルを恨み、相手を忘れられなくて苦しみますが、いつの間にか、ヒリヒリした痛みは消え、その人のことを忘れている時間ができます。当初は食欲もなく、眠れず、あるいは悪夢にうなされていても、いつの間にか、おなかが減り、ぐっすり眠れるようになるのが人間です。

「失恋」というのは苦しい試練ですが、過ぎればみんないい思い出になるものです。失恋だけでなく落第も離婚も同じです。それを乗り越え、生きることができたという経験は人生の財産になります。「あのときは苦しかったけれど立ち直ったのだ」と、少し自信がついてきて、新しい苦労や失敗に耐える力がつきます。

失恋したときに人は否応なく「なぜうまくいかなかったのだろう」と考えます。

家族の反対や経済的事情などもあるかもしれませんが、自分に何が足りなかったのか、わがままだったのではないか、独占欲が強すぎたのか、相手の状況を思いやる力が足りなかったのではないかなど、気づく点があるはずです。それがあなたを人間的に成長させ、より魅力を高めます。

失恋すると、自分は異性にとって魅力的でないからもう恋愛はしない、などと思いがちですが、そのあと、そんな自分を愛してくれる人に出会うこともあります。そのときは失恋経験がいろいろな点で役に立つでしょうし、新たに愛してくれる相手への感謝も強くなるでしょう。

「人間万事塞翁が馬」という中国のことわざがあります。飼っていた馬に逃げられて運が悪いと思っていたら、その馬がもう一頭の馬を連れて帰ってきた。「馬が増えた」とよろこんでいたら、それに乗った息子がケガをし、後遺症が残ってしまったのです。嘆き悲しんでいたら、息子はケガのおかげで戦争で徴兵されず、平和に暮らせた……。

このことわざの教訓は「運が悪い、運がよい」というのは紙一重であり、有頂天になったり、落ち込んだりせず、心の安定を失わずしっかり生きろということでしょう。

悪い上司にいじめられたから忍耐強くなった人、病気で苦しんだから思いやりが深くなった人、障害があるからこそ、粘り強く頑張る人もいます。

こうした苦労は、確実に同じような立場で苦しんでいる人に対する「共感力」をもたらします。これは失敗が与えてくれる人生の得難い財産です。

人生だけでなく、経営においても危機や失敗は改革の契機となります。経営危機をまったく経験しないで順調に伸び続けてきた企業なんてほとんどありません。

日本ではいったん倒産するとなかなか復活できないという現実がありますが、アメリカではむしろ、何度か倒産をした起業家には「失敗から学んでいるだろうから」と、投資家が再生の資金を提供することも多いそうです。

日本マクドナルド会長のサラ・カサノバさんは、同社が「ハンバーガーに賞味期限切れの肉を使っていた」「異物混入があった」などのスキャンダルで業績が落ち込んでいた苦境のときに社長に就任しました。

そのなかで「Never Waste good crisis」（せっかくの危機を無駄にするな）と社員を励まし、みごとに業績を回復させせました。順調なときにはなかなか改革ができませんが、危機だからこそ店舗のリニューアル、新しいメニューの開発・提供などの改革を進めることができたのです。

じつはこの言葉は、第二次大戦のときにイギリスの首相を務めたチャーチルの言葉だといわれています。ナチスが優勢ななかで苦境に陥ったイギリスを率いた彼は、その苦境を「Good crisis」（よい機会になる危機）といって態勢を立て直し、勝利を収めたのです。

私たちも、この例に学ぶべきだと思います。失敗したらとことん苦しんで反省し、次に立ち直るように自己変革するのです。

危機は貴重な機会であり、失敗は人生を豊かにし、多くを学ぶ機会をくれ、自分を成長させてくれるものなのだ……と。多くの失敗から立ち直った人は、そうした得難い無形財産を持っている〝富裕層〟なのです。

## 「引き算の不幸」より「足し算の幸福」を

せっかく長生きできるようになったのに、年を取るのは衰えること、いままでできたことができなくなること、これまで持っていたものを失うことだ、と考える人がたくさんいます。

たしかに多くのオリンピックやプロのスポーツ選手は年齢を重ねると「体力の限界」で引退します。種目によりますが、瞬発力が要求される短距離陸上選手、柔軟性を要求される体操やフィギュアスケートなどの選手は、一〇代から活躍して三〇歳前に引退していきます。

対してゴルフやアーチェリーなど、技と経験が要求される種目では四〇～五〇代でも活躍する選手がたくさんいます。

スタイルや美貌は、年とともに衰えていくとされています。私の故郷に「風の盆」という優雅な民謡踊りがありますが、男踊りで一番かっこいいのは、贅肉がなくすっきりしたスタイルの高校生の男の子だそうです。

女の子でも一〇代の少女たちの匂うような肌の美しさはその年代にしかありません。二〇代からは男女ともふっくらとしてきますが、それを「若さを失った」とマイナスに評価するか、女らしい別の魅力がついてきたと評価するかによって違います。

一方で、七〇代でも美しい踊りを続けておられる森下洋子さんのようなバレエダンサーもいらっしゃいます。日本舞踊や能、歌舞伎などではみずみずしい若手とともに、経験と技を積み重ねた方たちが六〇代、七〇代でもたくさん活躍されています。俳優の世界でも、若手が次々と登場するなかで、ベテランでも魅力を保ち続けている方はめずらしくありません。

若いほうが絶対に美しい、魅力的とはいえません。能の世阿弥（ぜあみ）がいっているように、若いときは「時分の花」がありますが、それがなくなった中高齢期に「真の花」を咲かせる方は多いのです。

つまり、日本は美しさについては「若さ」に価値を置いてきましたが、そろそろ見直すべき時期になっているのだと思います。

人間の能力が試験の成績や偏差値だけでは測れないように、人間の総合的な価値も、体力や見た目だけでは測れないものなのです。生物としての若さだけでなく、これまでの経験や磨いてきた技を評価される分野もあります。それには評価する「目利き」が必要とされるのです。目利きになるには経験が大事です。

知的能力でも集中力や記憶力のように、若い時期のほうが優れている分野もありますが、判断力、包容力、洞察力、類推力、共感力のように、年を取ってから伸びる能力もあります。

創造性も若いころのほうが豊かだといわれますが、ゼロから生み出す創造だけでなく、スマートフォンのように、すでに存在していた電話と音楽、動画などを結びつけて新たなものを創造するケースもあります。そちらの創造力のほうが、現実には社会に広く受け入れられています。

## 年を取ったからこそできることがある

そうはいっても、老化とともに細胞が新陳代謝の力を失うことは事実です。原因は活性酸素など有害なものの蓄積とか、染色体の末端にあって細胞分裂をつかさどる「テロメア」の枯渇など、いろいろ研究されていますが、まだ特定されていません。コロナパンデミックの時期も「高齢者は免疫力が衰えているから重症化しやすい」と警戒が呼びかけられました。

でもその一方で、年を取るからこそ身につく力もあるのです。一九九七年、作家で芸術家の赤瀬川原平（あかせがわげんぺい）さんが「老人力」を提唱して、「もの忘れも老人力がついている証拠」といって話題になりました。

スポーツや芸術の面だけでなく、社会や職業生活でもいろいろな能力があって、それぞれピークを迎える時期は異なります。新しいスキルや情報については若い人のほうがよく知っているかもしれませんが、人間関係の調整力、表現力、人間性への洞察など、年齢を重ねたことによって得られるものもたくさんあるのです。

私も昔は、どうしてあの人が私に意地悪だったのかわからなくて、きょとんとしていたことがありますが、当時の相手の立場や苦しかった状況がいまになってわかるようになりました。

このように、年齢を重ねると、若いときには知らなかったことを「そうだったのか」と知ることが、たくさんあります。

できることも増えています。私たちの世代では人生の半ばを過ぎてからパソコンが職場に入ってきましたが、いまでは私にも生活上欠かせない道具になっています。必要に迫られた結果、インターネット検索、パワーポイントづくりなど、自分には無理かなと思っていたこともこなせるようになっています。この一、二年の間に、遅ればせながらＱＲコードで予約を取ることもできるようになりました。

三〇歳のときの私、四〇歳のときの私はできなかったけれどいまはできる、知っていることがたくさんあります。多くの六〇代や七〇代の人は、私と同じように感じているでしょう。

社会生活で必要になっているスキルは、若い人や専門家に教えてもらいながら身につけなければなりません。あきらめて試してもみない、教えてももらわない、練習もしないという態度では、時代に適応する最低限のスキルも身につきません。

「知らないと思われるのは恥ずかしい」「こんなことで若い人をわずらわせては申し訳ない」というのは〝謙虚〟なのではなく、バカにされたくないとこだわる自意識が高すぎるせいなのです。

## 互いに「応援する、感心する、褒める」関係をつくる

何より大事なのは心の持ちようです。年を取ると、たしかにもの覚えが悪くなるとか、重いものが持てない、速く走れない、両方の指でスマホに入力できないなど、できないことも増えてきます。

しかし周囲と比べるのではなく、過去の自分と比べてみるのです。

若いときにはできたのに……これもできない、あれも無理だ、と数え立てていては、気持ちが沈んでいくだけです。そうではなく、できるようになったことを意識的に数

えてみるのです。「前はわからなかったのに、こんなに新しいことがわかるようになった」と、自分で自分を励ましましょう。

自分自身で褒めるのが難しかったら、褒めてくれる人とつきあうことです。そして自分も人の進歩を認め、応援する、感心する、褒めることを相互交換するのです。

そして、老眼になったら眼鏡をかけるように、聴力が落ちたら補聴器をつける、歩くのがおぼつかなくなったら杖を突くように、使えるものを十分に使いこなして、社会生活を続けていくことが大事です。恥ずかしいという気持ちにとらわれてはいけません。

「あれもできない」「これもできなくなった」と引き算をして、「人に迷惑をかけないでひっそり消えていくのが美しい」という『徒然草』の時代のような美意識や人生観から解放されなければなりません。

「自分はこれができるようになった」「人の気持ちや社会のあり方がわかるようになった」と足し算で考えて、自己肯定感を高めていくようにしましょう。

## 「こうあるべき」という偏見を捨てる

私たちは、普段は自分たちがいろいろな思い込みや常識に縛られていることを意識していません。

それで「アンコンシャス・バイアス（無意識の偏見）」と呼ばれているのですが、意識していないだけにやっかいです。

「女性は話が長い」「女性は対抗意識が強い」などと発言してひんしゅくを買った元総理がいました。

ご本人は悪気がなく、あたりまえの真実をいっているつもりだったのですが、この元総理のように「女性とはこういうものだ」という親や教師、上司の思い込みや偏見が、女性に機会を与えないことにつながっています。これはもちろん問題です。

しかし、一番私が危機感を持つのは、このような外側からの偏見以上に、こんな偏見を女性自身が受け入れて自分で自分を縛っていることです。

「女性は試験の成績はいいが現場では頼りにならない」「女性は早熟だけれど、男性はあとで伸びる」「女性はおとなしく謙虚だと好感を持たれる」「女性が管理職に就くと責任ばかり重くなって家庭が犠牲になる」といった周囲の思い込みが依然としてなくならない原因には、じつは女性自身も「そうなんだ」と思い込んでいることがあります。

「若い女子社員に難しい仕事は無理だろう」という上司の〝配慮〟を女性側がありがたく受け入れてしまっていたら、女性は永遠に成長しません。責任ある仕事をさせないなどのアンコンシャス・バイアスが、女性の社会進出を阻んでいるのです。

女性が能力を発揮するのを妨げる偏見だけでなく、女性の甘えが含まれている点に、この問題解決の難しさがあります。

「そんな思い込みにとらわれず、どんどん失敗を恐れずチャレンジせよ!」というのは簡単ですが、「言うは易し、行なうは難し」です。

「できます、自分がします」と女性が挑戦したら「奥ゆかしさがない」といわれ、失敗すると「それ見たことか」と〝出る杭〟は打たれてしまうのです。

恥を恐れ、過剰に謙虚さを求める文化が根強い日本で、女性に積極性を要求するのは困難なのかもしれません。私は女子大学の存在意義は、「〝出る杭〟の女性を育て、女性の自己肯定感を育てる」ことと思っています。

## 「利他心」こそ内なる思い込みを外すカギ

「出る杭は打たれる」というのも思い込みなのであり、ブロックをかけているのは案外、自分自身の内なるアンコンシャス・バイアスなのかもしれないのです。

どうしたら女性は、この思い込みから解放されるのでしょうか。まず縛られていることに気づくのが第一歩です。次にそれを克服していく行動を起こすこと。

しかし、それを自分一人で成し遂げるのは困難です。そこで、自分の内なる思い込みに気づいた女性たち自身がお互いに課題をシェアし、問題意識を共有し、励ましあって協力していくことが必要なのです。

自分一人だけで問題に立ち向かおうとするのではなく、同じ問題を抱えて苦しんでいる女性を助ける。自分の問題を自分だけで解決するのではなく、人の問題を解決するのを助ける。そうした利他的な行動を起こすことが、自分の内なる思い込みを克服する確実な手段なのではないかと思います。

自分の思い込みの世界に閉じこもり、狭い価値観のなかで生きるのはラクです。しかしそれに安住するのは利己主義だといっても過言ではありません。

利他的な発想を持って、外を見て、社会の役に立っているという自負を持ってチャレンジしていくことが求められるのではないでしょうか。


人間は、自分のことはなかなかわからないものです。ときには「自分は何もできない人間だ」と悲しくなったり、「自分はこんなに能力があるのに評価されていない、発揮できていない」などと腹が立ったり、揺れ動くことが常です。

子どもから大人になる一〇代から二〇代は、特にその揺れが大きく、自分の顔やスタイルも気に入らないし、才能や能力のない親も家族にも不満を抱きます。努力できない怠け者の自分もいやになります。しかし成長するにつれ、しだいにその幅が小さくなり、落ち着いてきます。

とはいえ、大人になっても、失敗したり、人間関係がうまくいかなかったりすると落ち込みます。反対に、うまくいったり、褒められたりすると気分が浮き立つこともあります。

そこで私は「褒め言葉は感謝で受け止め、批判は聞き流す」ということを、自分自身に言い聞かせています。

# あなたの「マンダラチャート」をつくろう

大リーグで「二刀流」というすばらしい活躍をし、いまや国民的ヒーローとなっている大谷翔平選手。

彼がなぜここまで成功したのかを解きほぐすカギのひとつが「マンダラチャート」といわれています。

大谷翔平選手が高校一年生のときに作成した「目標達成シート」がベースになっていて、一七歳の高校生のときに鉛筆で手書きした表は感動的です。高校時代の監督・佐々木洋氏からの教えによって作成したこのシートは、九×九マス、合計八一のマス目があります。まず、大きな目標（夢）を中心に置き、そのマスを取り囲む八つのブロックに、その大目標を達成するために必要な中目標を書き込んでいます。

大谷選手が中心に書いた夢は「八球団からのドラフト一位指名」でした。そして、その大目標を達成するために八つの中目標は「体づくり」「人間性」「メンタル」「コントロール」「キレ」「スピード一六〇キロ」「変化球」「運」で、それぞれに日々行なうことを具体的な行動指針として挙げています。

これを全部実行するのはかなり意志が強くないと不可能だと思いますが、大谷選手はそれを成し遂げ、日本球界で活躍ののち、大リーグのスーパースターにまでのぼり詰めました。

ここに挙げられている体づくり、コントロール、キレ、スピード一六〇キロ、変化球などは野球選手として活躍するのに必要な事項なのでしょうが、素人の私にはよくわかりません。

しかし野球にかぎらず人間性、メンタル、運の三つが成功するために必要だというのは十分理解できますし、高校生がここまで考えているのかと感心します。

たとえば運。この中目標を達成するための八つの行動指針は、①あいさつ、②ゴミ拾い、③部屋そうじ、④道具を大切に使う、⑤審判さんへの態度、⑥プラス思考、⑦応援される人間になる、⑧本を読む、です。

誰でも、運がいい人間になりたいと願うのですが、そのために神さまに願をかけてお守りをもらったり、お寺で祈祷してもらったりするのではなく、具体的な行動指針を挙げていることに感動します。

たしかに、ゴミだらけの部屋に住んで、道具をぞんざいに扱い、あいさつもできず、審判に生意気な態度を取る高校生に運が向いてくるはずはないのです。

あいさつをする、ゴミを拾う、本を読むなどは、一つひとつは簡単なことですが、続けるのは難しく、頑張って行なっている高校生がいたら応援する人が増えていくというのは、よくわかります。

メンタルを強くするためにやることも、具体的で明確です。一喜一憂しない、仲間を思いやる、雰囲気に流されない、はっきりした目標・目的を持つ、などです。勝利への執念、ピンチに強い、波をつくらない、など、野球選手に必要なものも挙がっていますが、一般の社会人にも通用するような具体的な行動指針です。

私たちはもちろん、ドラフトで八球団から一位指名されようなどという目標は持ちません。

しかし、たとえ三〇歳だろうと五〇歳だろうと七〇歳だろうと、自分の「将来の目標」は何かを考えてみるのは大事なことだと思います。「自分が本当にしたいことは何か」「何のために生きるのか」を考え抜いて、大目標を設定しましょう。

## たとえば「充実した人生を生きる」のが目標なら――

私自身は、もちろん野球選手として大リーグで活躍することも、スカラ座でプリマとして舞台に立つことも、ノーベル賞を獲得することも大目標とはしませんでした。おそらく三〇歳のときには「公務員として男性と肩を並べて責任あるポストにつき、社会に役立つ仕事をする」ことが大目標だったでしょうし、七〇歳のときは「どうにかして（私が理事長を務める）昭和女子大をいい大学にしたい」でした。

三〇歳のときはそのほかにも「子どもをしっかりした社会人に育てる」「自分の名前で本を書く」「アメリカに留学する」など数多くの目標があり、あれもしなければ、これもしなければと焦っていました。

私はやや努力不足でしたが、大谷選手のように目標を明確にし、そのために必要なこと、あまり重要でないことを取捨選択するのは大事なことです。それを整理するのにこのマンダラチャートは大変役に立ちます。

七〇歳のときの大目標「よい大学にする」は明確でしたが、そこで「よい」の中身はなんだろうと悩みました。

そのころはまだこのマンダラチャートは知りませんでしたが、いまなら「八つの中目標」は何か、もう少し具体的に考えることができそうです。

よい学生に入学してもらう、よい教員を増やす、よい教育プログラムを開発する、卒業生が活躍するのを応援する、キャンパスを魅力的にする、知名度を上げる、収支を安定させる、ステークホルダーとの関係を深くする……でしょうか。

この八つの中目標それぞれに具体的な行動指針を考えると、なすべきこと、しなくてもいいことが整理できます。

ぜひ読者のみなさまも、自分のこれからの人生の大目標は何か、中目標は何か、具体的な行動指針は何かを考えてみませんか？

たとえば「充実した人生を生きる」という大目標ならば、①納得できるキャリアを築く、②そのために必要なスキル、知識、資格を得る、③幸福な家庭生活、家族との温かい関係をつくる、④安定した経済的基盤を築く、⑤健康でいる。そして大谷選手と同じように、⑥人間性、⑦メンタル、⑧運をよくするにはどうするか、を加えて、八つの中目標とする。

このなかで⑦のメンタルを「与える」に変更してはどうでしょうか。そして、①人の負担を軽くする手助けをする、②長所を発見し褒め言葉をかける、③困っている人を助ける、④寄付をする、⑤ボランティアをする、⑥努力している人を応援する、⑦人の話をよく聞く、⑧感謝の言葉をかける、などを具体的な行動指針とする。

目標を達成するためには、具体的行動が必要です。そしてすべての目標が達成できなくても、やるだけやって「まあ、いいか、頑張ったんだから」と、現状を受け入れればよいのではないかと思います。特にその過程で人に「与えた」行為は、充実した人生をつくる大きな糧になると思います。

# 4章

# 人とのキズナを見つめ直す

## 「幸せの輪」を広げてゆくヒント

# たくさんの人が、あなたを応援している

多くの組織にはそれぞれ「ミニ権力者」や「ミニ・スター」が存在します。企業のなかで花形といわれるポストや華やかな役職についている人、人事権を握っている上司、将来は役員間違いなしと一目置かれている先輩……そうした人のまわりには「能力を認めてほしい」「仲よくしたい」「好感を持ってほしい」と願うたくさんの人が集まってきます。

そんな人気者のまわりにはたくさんの人が寄ってくるので、なかなかあなたは振り向いてもらえないでしょう。振り向いてもらうには、あなたも力を持たなければなりません。職場の人間関係は、有力者に〝取り入る〟ことだけがすべてではありません。

もっと視野を広げましょう。

職場には、目立たなくても華やかなポストについていなくても、誠実な人、こつこつと努力を重ねている人、誰にでも優しく親切な人がいるはずです。そういう人を軽んじず、礼儀正しく接する、忙しそうなときに少し手伝うというような温かい対応をしていると、職場のなかによい人間関係が生まれてくるのです。

あなたが女性なら、風采はさえないおじさん風の男性に目を向けてみましょう。あるいは怖いお局様のように見える女性が、じつは長く頼りになる支え手になることがあります。そんななかにひそむ「人間力」をしっかり見分ける「目利き」になることです。そういうスターではない人に積極的にお近づきになろうと努めると、多くの場合、相手はよろこんで受け入れてくれます。

また、意外な人が、あなたを理解し、優しく見守っている場合もあります。それに気づかず、感謝もしないのは、とてももったいない。そんな存在に気づき、好意に感謝することで、温かい人間関係が生まれてきます。

そんな人たちとよい関係になるには、学歴や見た目、職場の評判や人の噂に惑わされないこと。自分の目で率直に人を見る習慣をつけることです。

そして「将来の損得」を見据えた人間関係ではなく、「いま」現在、誠実な人との友情を大事にすること。そんな友情は、職場が変わっても長く続き、人生を豊かにしてくれるはずです。

## 好意や感謝の言葉をどんどん増やしてゆく

重要なのは相手が苦境にあるときの対応です。組織では、「時の運」で出世間違いなしとされていた人が左遷されたり、退職したりする場合があります。

そんなときは、それまでちやほやしていた人が、周囲から潮を引くようにいなくなります。

そのときこそ前以上に誠実に丁寧に対すること。少しでも相手の役に立つことを心がける。人間は外気が心地よいときは人の温かさを感じませんが、寒風が吹きすさぶ季節には、それが身に沁みるものです。

学校の友達にも当てはまります。人気のある生徒がいる反面、あまり注目されない、友達が少ない人もいます。

そういう人に、本人も気づいていない長所を見つけて褒めてあげると、あなたはその人にとって大事な人になります。

そして学校や職場で、いじめや仲間外れなどのつらい仕打ちを受けている人とも仲よくしてあげてください。

「いじめの矛先が自分に向いてくるかも」と怖がる人が多いのですが、あなたが勇気を持って温かく接してあげれば、その人はどんなに救われるでしょうか。

特別に親しくなくても、好意を持ってくれる人がいると、人の心は温かくなります。

私も親しくつきあっていなかった近所の人が引っ越すときに「これからも頑張ってくださいね」と声をかけてくださったり、公務員を退職するときに守衛さんから「会えなくなってさびしいです」と惜しまれたりして、胸がジンとしました。

そんな温かいまなざしにもっと早く気がつき、感謝の意を表さなければならなかったのに、ぼんやり過ごしていたことを反省しました。そして、こちらも温かい目で、周囲の人と接しなければならないと決意しました（なかなか実行できないのですが）。

たとえば、近所のかわいい子どもに声をかける、いつもきれいな花を育てている近所の方に「かわいいね」とか、「きれいですね」と言葉に出す。そんな好意や感謝を、さりげなく相手に伝える。態度や口に出さなければ、好意も感謝の気持ちも伝わりません。


公務員を退職後、女子大の教育現場に来て発見したことですが、大学の教師たちは自分が教えた学生がどうしているかを、想像以上に気にかけています。卒業生がたまに遊びに来たり、はがきが届いたりすると、よろこびます。

卒業生本人たちは「自分はそれほど優秀な学生でなかったし、たいしてかわいがられていなかったから覚えていないだろう」と思っていますが、彼女たちは、教師にとって一人ひとりが「大事な教え子」なのです。

ぜひ小学校の担任の先生、中学校のときの部活の先生に人生の節目ではがきを出してみてください。きっとよろこんでくれます。おそらく温かい返事がきます。いま、小中学校の教員の志望者が減っていますが、教員が一番うれしいのは昔の教え子からの近況報告です。

成功を気にして上ばかり、前ばかりを見ていないで、ちょっと後ろやまわりを見回してみると、こんなに自分を大事に思ってくれる人がいることに気がつきます。そういう人がいてくれるという気づきは、自分の心を温めてくれます。

そしてそんな幸せな気持ちが、結果として健康や長寿をもたらすのです。

「べつに、近所の人や教師に大事に思ってもらっても将来の成功やビジネスには役立たない」と思うかもしれませんが、そんな利己的で罰当たりなことをいわず、自分を温かく受け止めてくれる人には、せいいっぱい感謝し、ゆるやかで温かい人間関係を大事にしていきましょう。

# 「ゆるやかなご縁」を大事にする

これまで述べてきたように、いろいろなきっかけで知り合った人とのつながり、縁を大事にすることは、充実した人生を手に入れ、幸せに生きる確実な方法です。

この地球上には八〇億を超える人が生活しています。そのなかで直接出会い、話をし、顔見知りとなる人はその一％どころか、〇・一％、いや〇・〇〇〇一％（約八〇〇〇人）もいないでしょう。

マスコミやＳＮＳで何万人ものフォロワーがいる人でも、直接会ったときにお互いの名前と顔が一致する相手は一〇〇〇人もいるでしょうか。

ゴリラの研究をしてこられた山極壽一（やまぎわじゅいち）京都大学元総長は一〇人から一五人が、家族やラグビー、サッカーのチーム、軍隊の小隊という形で緊密な意思疎通ができる規模の集団、三〇～五〇人が、職場の管理職が統括できる部下の数で軍隊の中隊規模、互いに顔と性格を熟知し、一人の指導者の下、一致して動ける規模の集団だと規定しています。そして一〇〇～一五〇人が現代人の脳で顔と名前が一致する範囲で、信頼できる仲間の最大値と語っておられます。

同じ地域に生まれ育った人、クラスメートとして同じ学校で学んだ人、同じ職場で働いた人など、自分で選んだわけではなくても、同じ場所や同じ時間を共有できた人は「縁があった人」というしかありません。

夫婦、親子として人生をともに生きる相手は、深い縁があるのは当然ですが、地縁、血縁、職場縁、学校縁、パパ友、ママ友などもすべて縁です。

自分が選んでその人と同じ学校に行ったわけではない、たまたま上司として、部下として一緒に仕事をする巡り合わせになったという場合もあります。それも「縁」があったからなのです。

そうしたたまたま巡り合った人にも、できるだけ仲よく対処する。できれば幸せになるような言葉をかける、親切な行ないをする……そうすることで、あなたのまわりに幸せの輪が広がっていきます。

人間というのは嫉妬深い生き物だということは否定しません。遠い知らない人がオリンピックで活躍したり、大企業で昇進して成功したり、幸せになったりしたら、素直によろこび、祝福できるのに、身近な同僚や同級生が成功すると単純によろこべない……。

それは、相手と自分をつい比較するからです。「それほどすばらしい能力もないのに運がよかったんだ！」「それに引き換え、私はこんなに頑張っているのになんでうまくいかないのだろう？」と、心が波立つことが多いのです。

でも、立ち止まって考えてみましょう。世の中には成功した人は多数いますが、そのなかに自分に縁のある人が含まれているのは、腹立たしいこと、困ったことではなく、よろこばしいことです。

もしかしたら、その縁が自分に幸運をもたらすかもしれません。縁がない人がいくら成功しても、自分には関係がないのです。

したがって、知らない人より知っている人、縁のある人の成功をよろこぶほうが、自分の精神安定の面からも、現実的な人生戦略の面からも有効なはずです。

## もし、あなたに縁ある人が成功したら――？

そこで、知り合いや友人、縁のある人が成功したら、「よかった、おめでとう！」というのを習慣としましょう。最初は内心の不快感を隠していても、口にする習慣がつけば、やがて自分も気持ちよく祝福できるようになります。人間の心理構造は、そのようにできているのです。

身近の成功した人の批判や悪口をいっていると、自分がいやになるはずです。「よかった、おめでとう！」と口にすれば、自分はいいことがいえたと、気分がよくなります。祝福された相手は、あなたに好意を持つでしょう。自分もよくなり、相手もよくなる、それが巡り巡ってあなたにも好結果をもたらすのです。

私は「縁ある人が成功したら、どんどんその人のファンの一員になりなさい」とすすめています。

私が尊敬している若い友人は「幸運は独り占めにしないこと、知っている人に分けることによってもっと大きな運を連れてくる」といっています。

「縁」といい「運」といい、古めかしい考え方のように見えるかもしれませんが、しかし人は、自分の努力や才能だけで生きているわけではありません。いろいろな人との偶然の出会い、巡り合わせに左右されることが多いのです。

与えられた出会いの縁を大事にしても、特に出世に役立たないかもしれないし、ビジネスの実利をもたらさないかもしれません。でも確実に、人生を豊かにしてくれます。

考えてみれば、私たちが生まれてきたのだって偶然の「運」の賜物です。たとえばご先祖たちは流産、周産期死亡率や乳幼児死亡率の高い時期を生き延び、疫病や飢饉や戦争のなかで命をつないできたのです。

そうして親の世代、その前の世代、それぞれの命がつながって、いまの自分まで続いているのです。

そして自分もたまたま病気で死なず、交通事故にも遭わず、いままで生きているというのは「運よく」としかいいようがありません。

だから、自分の命は自分一人のものではありません。せっかくもらった命を粗末に扱ったら、命のバトンをつないでくださった人たちに申し訳ありません。

では、命を粗末にしないためにはどうすればよいのでしょう。

いうまでもなく、まずは健康に過ごして寿命をまっとうすることです。自殺をしないだけでなく、ドラッグやお酒に溺れないこと。投げやりな生活をしないこと。犯罪に手を染めたりしないこと。そして何か、周囲の人や社会の役に立つことをするのが大事です。

そうした小さなプラスの積み重ねが、与えられた命を大事にするという意味なのではないかと思います。

「与えてもらって生かされている命を大事に」というのは、自分がラクをしよう、わがままをしようというだけでなく、その命をよい目的のために使うということです。よい目的とは、まわりの人を大事にし、社会や環境が少しでもよくすることです。

# 「友達が少ない」人へのアドバイス

友達が多い人もいますが、「自分は友達が少ない」「他人は自分に冷たい」と思っている人も多いのではないでしょうか。

そういう人に限って「自分は運が悪くて、まわりは性格の悪い人ばかりで、温かい人間関係が築けない」と思っている場合が多いようです。

私のまわりの学生たちを見ていても、個人差はかなりありますが、友人からモテる学生はけっして社交的で華やかだとは限りません。

外見は地味でも人柄が温かい、口数は少なくとも親切、こんな学生は温かい人間関係を築いています。

一方、自分のことでいっぱいいっぱいで、他人に関心を持たないとか、こちらからは友人に働きかけないという学生は、友達が少ないようです。

しかし多くの人は自分の性格を正確に把握しておらず、自分が目的のために手段を選ばないマキャベリズム、自分を優れていると思い込むナルシシズム、サイコパシーのような性格とは縁がない性格だと思っています。自分は「普通」なのにほかの人が変なのだと考えている傾向があり、自分が他人に冷淡だ、自分中心的だ、良心が欠如しているなどとは想像もしていません。

自分を知る手段として、性格テスト、適性調査などがありますが、これは答えを意識して結果を操作することもできますし、性格検査で結果が出ても本人が受け入れないことも多いので、あまり効果的ではありません。それより、周囲の態度は自分の態度の反映だと受け止め、気づくことが必要です。

意識しなくとも相手の欠点が目についてしかたない、相手からあいさつされたり話しかけられたりするまで自分からは動かない、他人が苦境にあっても他人事と思って心を動かされない性格の人もいます。

そんな場合には、二つの対応のしかたがあります。

まずは、自分の根本的な性格は変わらないとあきらめて、友達がなくともしかたがないと受け入れること。孤独を楽しむのもひとつの生き方です。配偶者や家族もそれを受け入れる。そのうえで淡々と周囲と接していくこと。でも最低、社会やほかの人に害を及ぼさないことを心がけること、コンプライアンスといわれる規則やルール、マナーを形だけでも遵守することは最低限必要です。一歩間違うと道を踏み外す危険があることに注意しましょう。

もうひとつの対応は、たとえ性格は変わらなくても、最低限の外的な行動を変えることです。

たとえば、顔見知りの人には必ずあいさつする、相手の服装や持ち物を褒める、相手の話を笑顔で最後まで聞くようにする。あるいは、家族や友人に月に一回は電話をする、年に一回は顔を合わせると決めて実行するなどです。

## 性格は変えられなくても行動は変えられる

とはいえ、なかなか行動できない人もいますが、性格は変えられなくても行動を変えることが習慣になるまで、意識して努力することです。それでも急に温かい人間関係ができるというものではありませんが、やがて「知り合い」「顔見知り」が増えてきます。これが新しい人生の第一歩です。

「自分は友達のできにくい性格だ」とあきらめてそれを受け入れるより、性格は変わらなくても行動変容を実行するほうが、よい人生を送ることができると、私は思っています。

じつは私自身も本を読んでいるほうがおしゃべりしているより楽しいし、一人で行動するほうが気楽です。それでも自分の性格がいやだと悩んでいるより、行動を変えるようにしてきました。

行動は続けていると習慣になります。あきらめないで、温かい人間関係をつくろうと行動を変える。それを習慣にすることを目指してほしいと思います。

アメリカの心理学者ウィリアム・ジェームズの言葉とも、マザー・テレサの言葉ともいわれますが、マーガレット・サッチャーや野村監督はじめ、多くの人が引用する言葉があります。

「意識が変われば行動が変わる。行動が変われば習慣が変わる。習慣が変われば人格が変わる。人格が変われば運命が変わる」

# 「家族ならわかってくれて当然」はNG

人はあまり親しくない他人、たとえば上司、お客、業界の関係者には、それなりに失礼のないように気を使い、対応します。不機嫌そうに仏頂面をしたり、相手の話に興味を示さずろくに返事もしなかったりする失礼な言動は、あまりしません。

そんなことをすると相手に失礼になるし、嫌われ、反感を持たれるのが明らかだからです。

ところが意識しないまま、こんな失礼な態度を、家族という大切な人にしている場合が多いのです。あなたにとって大切な人は誰でしょうか。若い人なら親友、そして恋人、ボーイフレンド・ガールフレンドかもしれません。あるいは「推し」のアイドルやスポーツ選手や俳優、支持する小説家や評論家かもしれません。

しかし大多数の人にとって、もっとも大切な人は身近な家族であるはずです。親や子、配偶者、兄弟――かけがえのない人生の伴走者です。

ところが家族が大事だと頭でわかっていても、不機嫌そうな顔をしたり、相手の話を聞かなかったり、返事もしなかったり、料理や掃除に文句をつけたりするのです。すると感情の行き違いが起こり、夫婦、親子、兄弟の間でもイライラしたり、反発を感じたりすることにつながります。

親の愛情を当然だと考えて感謝もしない子ども、妻の家事に文句をつける夫、夫に不機嫌な態度を取る妻はめずらしくありません。これは家族なら「感謝の表現をしなくてもわかってくれるだろう」という甘えがあるからです。

若い層では変化してきていますが、夫が上で妻は下、夫は仕事をして収入を得ているのだから収入のない妻が夫の世話をし、家事育児をするのはあたりまえだと思っている男性も少なくありません。賢い妻はそれを批判せず、夫を適当におだてたり、機嫌を取ったりするものだとされていた影響が、まだ残っているのでしょう。

親と子の関係でいえば、子どもの数が減ってきたこともあるのでしょうが、親の愛情を過剰に注がれて、押しつぶされる子どももたくさんいます。

逆に、親からの虐待、ネグレクトなど愛情の欠乏に苦しんでいる子どももいます。成人後も、「親の育て方が悪いので自分がこうなった」とか、「兄や妹などに比べて十分に愛してもらえなかった」など、親への恨みを鬱積させている例もあります。

親の愛が公平に注がれず、兄弟の間がぎくしゃくしている例や、相続問題がこじれて憎み合っている兄弟などを見ると、家族という一番大事な間柄なのに、なんでこんなに問題が多いのかと考えさせられます。

## 家族間でも重要な「ソーシャルディスタンス」

下重暁子さんの著書『家族という病』(幻冬舎)は、家族の人間関係はそう甘いものではないという現実を突きつけました。甘い期待を抱くから、それが満たされず、こじれてしまうのです。

私は家族関係、特に夫婦関係を平和に保つためには「ソーシャルディスタンス」、つまり適度な距離感を保つことが必要だと思っています。「近しき仲にも礼儀あり」というのでしょうか、家族に対しても「家族だから気を使わなくてもよい」とか「他人でないのだから、家族はこの程度のことは受け入れるのが当然」といった過大の要求を持たないこと、つまり「甘えすぎない」ことが大事です。

夫は仕事、妻は家庭と、生活の場が分かれて過ごしているときはそんなに気にならなかったのに、夫が在宅勤務になったので夫婦げんかが増えた、定年で夫が家にいるようになったのでいさかいが増えた、という声もあります。


長い人類の歴史を通じて、家族というのは、飢餓や災害、病気や障害に苦しんでいるときに助け合わねばならない集団でした。乏しい食べ物を分かち合い、自分で生活できない乳幼児や高齢者を支えるのも、家族の役割でした。うまく助け合えない家族は生き延びることができませんでした。

いま、家族の人間関係が問題になるのは、家族が生き延びるために否応なく助け合わなくても生きていける豊かで平和な時代になった、ということの証明です。高齢になって子どもと同居し、養って面倒を見てもらえなくなっても、年金や介護や医療などの社会保障制度が支えてくれます。教育や育児のように昔は家族が担っていた役割を学校や保育所が果たしています。

豊かになって社会制度やサービス産業が発達し、家族がいなければ生きていけない時代ではなくなったのです。コンビニやスーパーや通販で必要なモノは買えるようになっています。一人暮らしの人が増えているのもそのためなのでしょう。

家族の存在意義は何か――いま、大きく変化してきているのです。

## 「家族を大切にする」とは、こういうこと

私は、前項で述べた、現代の「家族」に起きている現象を核家族が「核分裂家族」になったものと表現しています。

一番基本的な家族とされてきた夫婦と未婚の子どもの核家族というユニットも、高齢になって配偶者と死別し一人で暮らすようになったり、離婚でバラバラになったりするケースが増えています。

子どもを持たないという選択をする人や、そもそも結婚しないで一人暮らしをする人も少なくありません。もはや「核」が個人個人に「分裂」しているのです。

しかし核分裂時代だからこそ、あらためて家族の大切さがわかってきました。夫婦はお互いに大事にしないと離婚に至るので、離婚したくなかったら、お互いを大事にしなければならないということです。

私はいつも「夫婦は壊れ物。粗末に扱うとヒビが入って壊れる」と語ってきました。かつてのように、「女性は離婚したら食べていけない、子どもを養うことができない、だからどれだけ浮気されても、暴力を振るわれても、悪口や暴言を浴びせられても、バカにされてもがまんしなければならない」という時代ではなくなりました。

男性は生活費を稼げばよく、妻が家事、育児、介護などを行なうのはあたりまえだなんて思わず、コミュニケーションを深めて愛情と感謝を伝えなければ夫婦関係は破綻すると、覚悟しなければなりません。

別に長々と話さなくてもよいのです。ちょっと相手を気遣う、少し感謝の言葉を発するように努め、相手の話に耳を傾けることでいいのです。気に入らなかったり、いやだと思ったりしたことをそのままストレートにいうのではなく、相手にどう伝えるか、工夫することです。

繰り返しますが、「家族なのだから説明する必要はない」「わかってくれて当然だ」と勘違いしないことです。

コミュニケーション能力は、子ども時代に親と話す習慣を持つことからはじまります。親はどんなに忙しくても、子どもの話を聞いてあげなければなりません（特にこれは男の子に必要です。日本の男の子は少し甘やかされすぎで、コミュニケーション能力が貧弱です）。

多くの人が、亡くなるときに「もっと家族と過ごす時間を大事にすべきだった、もっと長く一緒に過ごすべきだった」と後悔するそうです。「もっと仕事をすべきだった」「もっと趣味にいそしむべきだった」「もっとお金を稼げばよかった」という人はあまりいないそうです。

それは、それだけ人は大切な人を大切にするのを忘れてしまいがちだ、ということの証明です。

## 五分だけでもいい、どんなに忙しくても会話の時間を取る

私はどんなに忙しくても、夫婦、親子は一日に一〇分、場合によっては五分でも話す時間を確保することが大切だと思っています。

一か月に一回はドライブでもスポーツでも外食でも、共同のアクティビティを行なうことも有効なのです。これを習慣にしてしまうのです。

3章で紹介した調査対象のアメリカの高校教師だった父親は、一年に一回、五人の子どものうち一人を連れ出して、二人だけでキャンプに行くようにしていたそうです。日本では長い休みは取れませんし、キャンプが不得意な男性もいるでしょうから、そのまま真似することはできません。

しかしキャンプでなくとも、父と子の二人でコンサートに行く、知らない場所に旅行に行くのでもよいと思います。

いつもみんな一緒ではなく、一年に一回、二人だけで一緒にアクティビティに取り組んだり、じっくり話し合ったりする機会は、親子にとって特別な体験になります。

親と過ごした時間はのちのち、子どもにとってかけがえのない思い出になり、絆を強めるものと思います。

夫婦も父親と母親の役割に取り組む期間は一五年から二〇年ほどですが、その間も時々、二人だけで出かける時間を取らないと、お互いが何をしているか、何を考えているか、どういう人だったか、わからなくなってしまいます。

夫婦も月に一回、それが難しかったら結婚記念日や誕生日に二人だけで外出し、話す機会を持つようなメンテナンスの努力が必要です。

大事な人との時間をせいいっぱい、大事に過ごすことは「将来のよい関係」という無形資産をつくるための投資です。

## 親類づきあいはどうするか？

親類づきあいの形態はいま、急速に変化しています。少子化、高齢化、それに都市化が相まって、親類の若い人が急速に減っています。

たとえば団塊の世代の私たちは、ほとんどが結婚して家庭を築き、だいたい二人の子どもをもうけました。親も兄弟が三人、四人といるのがめずらしくなかったので、叔父や叔母、いとこも、そこそこいました。私自身も、現在存命のいとこが一一人います。

しかし私たちの子ども世代では、結婚しない、子どもを持たないケースが増えています。必然的に親類が少なくなり、いとこや叔父叔母を持たない若者が増えています。

しかも、若い人たちは自分の同年配の友人とだけつきあうことで忙しく、祖父母や年長の親類と会ったり、連絡を取ったりすることはほとんどありません。でも私は、これはとてももったいないことだと考えています。

こうした人は、赤ちゃんのころからのあなたを知っている「縁」のある大人です。必ず若いあなたの応援団になってくれます。

というと「経験が違う」「価値観が違う」「感性が違う」と敬遠したくなるかもしれませんが、違うからおもしろいのです。それを楽しむ余裕が欲しいと思います。

実社会では普段、自分と違う世界を持つ人とつきあう機会はあまりありません。親戚づきあいは、その得難い機会を与えてくれるのです。話が合わないと思っていたおじさんが就職口を世話してくれたり、口うるさいおばさんだと思っていた人が結婚相手の紹介をしてくれたりすることもあります。

話は飛びますが、私は日本人の若者の自己肯定感が低い原因のひとつは、幼いころから愛情を持って見守ってくれる大人との交流が薄いからではないか、と思います。

自分を特別に愛してくれる存在は貴重です。親類の大人にとって、甥や姪など、若い親類の子は次の世代の代表で、かけがえのない、かわいい存在なのです。

若い人たちも、年長者から愛情あるアドバイスやサポートを受ければ、自分にない視点や情報も得られ、視野が広まり、直接、間接に役に立ちます。

## 「親類は神様がくださった宝」というユダヤの教え

ボストンにいる私の友人はユダヤ系アメリカ人ですが、「親類は神様がくださった宝」と語っています。親類は苦しいときに助けてくれる、一番信頼できる存在だというわけです。

そこで「日本人にとって、親類づきあいは面倒でわずらわしいと思う人が多い、最近とくに都市部では親類づきあいはすたれている」というと、目を丸くしていました。

私が子ども時代、とくに祖母が生きていたころは、よく父の姉妹のおばさんたちが子どもを連れて遊びに来ていました。お祭りだ、お正月だ、お盆だ法事だといっては、たくさんの親類がわが家に集まっていました。

その陰には嫁である母の労働があったわけで、親類が泊まっていると、母は朝から夜遅くまで働いていました。それでもそうしたつながりがあったおかげで、私が東京の大学に進学したときは、叔母が親身になって世話してくれたのです。

でもいまでは、親類みんなが顔をそろえるのは、結婚式やお葬式に限られるようになってしまいました。

伯父、叔母やいとことなると、私が東京に出てきているということもありますが、冠婚葬祭にも集まらなくなりました。

結婚式に関しては、若い人たちが減っているということだけでなく、知人や親類が多数出席するような「派手婚」が減り、小規模な「地味婚」が主流になってきたこともあります。

コロナ禍でお葬式まで家族葬が一般的になってしまいました。日ごろ顔を合わせていないので、消息もよくわからなくなり、親類に縁談や就職の頼みごとをする機会もほとんどなくなりました。

いま全世界にユダヤ系の人間が散らばっていますが、彼らはアメリカでもカナダやオーストラリアにいても、親類が子どもの堅信礼（一二～一三歳ごろにユダヤ教徒として認められる儀式）をはじめ、進学だ、卒業だといっては親類が集まり、ふだんから一緒に食事をともにして交流しています。

中国系の人たちも親類一族がよく集まります。昔と違ってホームパーティでなく、いまは中華料理店やレストランに集まるそうです。

それは、ユダヤ系の人たちも中国系の人たちも「いざというときには国や会社はあてにならない。親類や信頼できる友人が頼りになる」と信じているからです。

ユダヤ民族も中国系の人たちも、過酷な歴史のなかで迫害されたり敵視されたりしながら生きてきました。親類同士が助け合い、苦しい状況を乗り切ってきた点は共通しています。

そこで、子どもたちも幼いころから年長の親類にかわいがってもらい、あるいはしつけを受けて育ちます。親類の若者が就職や転職するときの世話をしたり、ビジネスをはじめるときにお金を出資したり、得意先を紹介したりして助け合うのです。

こんな形でたくさんの親族の大人が支援してくれるのは、誰の助けも受けずに一人でゼロからはじめるのに比べ、圧倒的に有利なのはいうまでもありません。

私たち日本人は、世界の激動と無関係で平和に暮らしています。だからあまり親類の助けを必要としないかもしれませんが、人生を豊かに生きるうえでは、もっと親類が交流し、助け合ったほうがよいように思います。

親類は、豊かな人生のために大きな助けになります。ユダヤや中国の人に見習いたいものです。

まずは、日ごろご無沙汰しているおじさんやおばさんに、はがきや年賀状を出してみてはいかがでしょうか。ときには、お菓子のひとつも持って訪ねてみることもおすすめします。

# 組織に必要な「心理的安全性」

最近、企業人の間で注目されている言葉のひとつが「心理的安全性」です。これは組織内で自分の考えや気持ちを安心して発言できる状況のこと。上司に忖度(そんたく)して発言を控えなくてもいい、自分の発言が否定されたり、罰せられたりしない――安心して仕事に取り組める職場の在り方とされています。

逆にいえば、こうした恐れがあって社員が自粛してしまい、自由に発言して情報を共有したり、新しい提案をしたりしにくい職場が、まだまだ多いということです。

職場では多くの人が、①無知だと思われたくない、②無能だと思われたくない、③

邪魔だと思われたくない、という四つの不安を抱えているというのが、この言葉を提案した心理学者エイミー・エドモンドソンの分析です。

自分がすべき仕事の内容をよく理解していなくても「無知だと思われるのがいやで相談や質問しない」「能力がない人間と思われるのがいやで失敗を隠す」「他人のしている仕事に無関心で、邪魔もしないが助けもしない」などという行動を取るのは、自分のありのままを知られるとバカにされるという不安のためだというのです。

ではどうしたら、ありのままの自分が受け入れられないという不安が解消できるのでしょうか。

その不安を解消するためには、職場では「人に優しく結果に厳しく」が鉄則です。管理ではなく支援する取り組みが必要といわれています。

「人に優しい」とは、職場の同僚・部下、いや管理職の上司も含めて、それぞれいろいろなハンディキャップや困難を抱えているチームメンバーを批判したり、攻撃したり、見捨てたりしない、もちろん罰を与えたりしないこと、その困難さに共感することです。

そして、困難を抱えているメンバーの難しい状況に「大変だね」と共感し、「どうしよう」と課題をシェアし、支え合うことです。まさに「利他」の精神です。相手に対する思いやりを持ち、相手を支えることが大前提になります。

## みんなで相談し合う、助け合うチームのつくり方

もちろん、職場や組織は親睦組織ではありません。仲よくしているだけでなく、みんなが協力して成果を出していくことが求められます。それが「結果に厳しく」ということです。単になんでも話すことができたり、笑い声が絶えなかったり、という職場をつくること自体が目的ではありません。心理的安全性が保たれ、困ったときや悩んだとき、仕事がうまくいかないとき、ミスをしたときも相談したり、助けを求めたりできる環境が大事なのです。

そうした職場なら、ミスを隠蔽したりしなくなり、業務の問題点も速やかに明らかになります。

また、成功するかどうかわからない新しいアイデアを提案しても受け入れられる余

地が多いので、イノベーションも起こりやすくなります。

　こうした活力ある組織になるための大前提として、みんなが自分を仲間として受け入れ、助けてくれる、足りないところを支援してくれるという安心感が必要なのです。職場の人たちを受け入れ、支援することが、結果として業績のアップという形で自分たちに返ってくるということです。


　人間は組織の一員だとしても、与えられた業務をそのとおりにこなすことだけが求められているわけではありません。そんなことならＡＩのほうがよほど的確に遂行するでしょう。

　でも、人間にしかできないことがあります。それは相手の立場を思いやり、お互いを信頼して助け合うこと。利己的な思考に陥らず、自分中心主義を捨てて、利他的に行動するのは人間にしかできないことなのです。

# いじめ根絶に、みんなで力を合わせたい

中学生がいじめに苦しんで自殺……という悲しい話が後を絶ちません。

文部科学省も各地の教育委員会も、なんとかいじめをなくそうとしていますし、困ったときの電話相談などのサポートも広げています。

でも根絶には程遠いというのが現状です。一部には「いじめは昔からどこにもあった」という人もいます。「いまの子は打たれ弱いので自殺する」としても、現状をそのままにしておいていいわけがありません。

おそらく、いじめの直接的加害者はせいぜい数人程度で、いじめグループの多くはそれに追随しているだけでしょう。

しかし、「卑怯だからやめろ、弱いものをいじめるな」と、いじめをやめさせる行動をしたり、声を出したりする勇気ある子どもは、多くありません。自分で止められなくても教師や親に知らせる子は、勇気のある子です。

多くの子は「自分だけみんなと違う行動を取ると、いじめの矛先が自分に向くのではないか」と恐れています。また「大多数に対抗して、自分がいじめを止める力はない」と、はじめからあきらめています。自己効力感が乏しいのです。

一方のいじめている側には、「深刻ないじめじゃなくただの遊び」とか「ちょっとからかっただけ」と軽く考えている場合が多いようです。標的になった相手がどんなに苦しんでいるか、絶望しているかを想像していません。これも、自分のことしか考えないで、共感力がないのだということができます。

難しいとは思いますが、私はここでこそ、親も先生もそして友人も、みんなが力を合わせて、相手を思いやる「共感力」を養う方策が取れないものかと考えています。

そのためには「人はそれぞれ完全ではない。いろいろな弱み、欠点を持っているものだが、それを理由に批判・攻撃するのは許されない」と、子どものころから繰り返し伝えなければなりません。

親のなかには、わが子がいじめのターゲットにならないよう、見て見ぬふりをすすめる人もいるようですが、それは間違っています。直接、止めることはできないまでも、せめてよくないことが行なわれていたら、先生や親にそっと知らせるようにと教えましょう。これも利他的行動です。

そして万が一、いじめの対象になったら、がまんしないで親に知らせること、相談することを教えておきましょう。助けを求める力（求援力）は子どもに必要です。

## 大人に必要な「逃げる技術」

いじめは、子どもの世界だけではなく、職場でもあり得ます。子どもはいじめからどう身を守るか、どう逃れるかをまだ知りませんが、大人は自分で自分を守り、最悪の場合、その場から逃れる術を知らねばなりません。

子どものいじめや自殺ほど話題にはならなくても、職場におけるいじめも確実に存在します。これを防止し、働いている人の心身の健康を守るのは経営者、管理者の責任とされています。

現在、女性へのセクハラ、部下に対するパワハラは法律で禁止され、対策が取られるようになってきました。最近ようやく認識されるようになってきましたが、相手に対する敬意の欠如や勝手な思い込みが、セクハラ、パワハラを引き起こすのです。

セクハラ、パワハラは「優越的な地位」を背景としていますが、いじめは同僚、先輩・後輩などの間でも起こります。いじめもパワハラやセクハラと同じく職場の環境を損ない、メンバーのやる気を低下させ、ときには精神的な病も引き起こします。どうにかしてそれを予防する取り組みが必要です。

子どもと同じく、大人も「いじめられているのは自分が弱いから（頭が悪いから、ドジだから、失敗したから、かっこよくないから……）」ではなく、「いじめる相手が悪いのだ」と認識することが必要です。

不当ないじめを受けたら救いを求めるのは当然だということを、職場のメンバーに徹底しましょう。

そしていじめを他人事と考えるのではなく、「いじめられるのが自分でなくてよかった」と思うのではなく、あってはならないこと、自分たちも責任を持って防がなければならないことであり、相手の立場に共感する必要があります。

そして管理職は、その兆候を見逃さないこと、訴えられたら被害者を守り、加害者をしっかり処罰することです。

職場だけではなく、ママ友の間でも趣味の集まりでも、同窓会でもいじめは起こります。その場合は無理にそこにとどまるのではなく、その集団から抜け出しましょう。「逃げるは恥だが役に立つ」のです。

たとえ死にたいくらいつらくても、がまんしてまで受け入れてもらわなければならないということはないはずです。そして自分はいじめない、いじめに加担しないだけでなく、いじめを見て見ぬふりをしないことです。

# 利己も、利他も、最後は自分に返ってくる

利他的行動が自分にとってプラスなのにひきかえ、利己的行動がかえって自分の利益を阻害する例はいくつもあります。

たとえば消費者からのクレームです。大きな企業の製品やサービスに問題があっても、個人の消費者は弱いので、なかなか声があげられません。そこで、消費者を保護するために、法律や制度も整備されてきました。

たしかに企業ぐるみで産地や原料の詐称などをする場合、消費者のクレームを尊重することで事故や健康被害が守られたケースもたくさんあります。

しかしなかには、消費者の権利を振りかざして企業の消費者窓口の担当者に何時間もクレームをつけたり、ＳＮＳなどでクレームを拡散する例もあります。ときには損害賠償を求める訴訟にまで発展することもあり、企業は防御的姿勢を強めています。

もっとひどい例では、「お客様は神様だ」とばかり、気に入らない態度の店員に土下座させて謝らせたり、その写真を撮ってＳＮＳで公開すると脅したりする客もいます。

こんな「クレーマー」というか、「カスハラ」（カスタマー・ハラスメント）に対しては、「働く人の人権を無視している」との問題意識が高まり、処罰の対象にしようという動きが出ています。

アメリカでは個々人の権利意識が強く、自分の権利を主張して訴訟を起こす人が多いので、それに備えて保険に加入したり、弁護士と顧問契約を結んだりする例が増えています。その結果、「ソーシャルコスト」（社会全体の費用）が跳ね上がっています。

一人ひとりが自分の権利を守るのは民主主義社会の基本ですが、ほどほどにしないと社会コストの増大となって、直接関係のない人までもが、いろいろな形で負担しなければならなくなってしまいます。

別の例でいえば、現在大都市を中心に小学校などの学校の先生になりたいという希望者が減ってきています。昔は、特に女性にとっては労働条件が整っているし、次代を担う子どもを育てる小学校の先生は人気の仕事だったのに、です。

いまは教職以外に女性が働ける職場が増えたこと、長時間労働や部活指導などが負担になっているなどの理由もありますが、教職希望者を減らしている大きな理由のひとつは保護者からのクレームだといわれます。

保護者が子どもの学校生活に関心を持つ、教育のしかたやクラス運営に要求をしていくのは悪いことではありません。学校に任せきりにせず、保護者と学校が協力して教育に関わるのはすばらしいことです。

しかし最近、子どもの小さなケガ、子ども同士のケンカ、いじめに対して、学校の管理責任を問う親御さんが増えているのが実情です。ひどいときは訴訟に持ち込まれることもあります。

そのため学校側は、保護者からクレームがつかないように、子どもの行動を制限したり、課外活動を控えさせたり、「えこひいきだ」といわれないように、どの子からも距離を置く、などの方向に動いています。

自分の子どもだけは最善の教育を受けさせたいと要求ばかりしていると、結果として、クレームをつけている親も子どももよい教育を受けることができない被害者になってしまうのです。

## みんなの「ちょっと利他」が住みよい社会をつくる

例はまだあります。救急医療の担い手不足、特に小児医療の担い手不足も問題です。地方の公立病院ではその担い手不足のために、診療科の存続も危ぶまれるほどです。

地域の住民が話し合って、夜中に急に熱が出てもすぐに救急車を呼んで病院に行かないで様子を見るように申し合わせたり、開業医が当番制で電話相談や緊急手当てをするという体制を整えたりしたところもあります。

つまり、「自分の子だけは手当てを受けさせたい、最優先で治療してもらいたい」と利己的な行動に走ると、結果として医師が疲労し、診療科がなくなって、自分たちが大きな不利益を受けることにつながってしまうということです。

医療に関していえば、日本には国民皆保険制度があって、ほとんどの人は医療保険でカバーされています。アメリカやヨーロッパ、オーストラリアに比べて医療は手厚く提供されています。

そのため、日本人は病気になっても好きな病院・診療所で希望する治療を受けることができます。しかも、新しい高価な治療薬が、次々と保険承認されています。日本社会では急速に高齢者が増えていることもあって、保険財政はどんどん苦しくなっています。

こういうときに一人ひとりが少しだけ不要不急の受診を控えること、必要以上に薬をもらおうとしないこと、かかりつけ医からすすめられるまで大病院にはいかないことなど、ちょっとだけ「社会のため」を考えて利他的行動を取ることが、日本国民の共有財産である国民皆保険制度を永らえさせ、それが自分自身のためになるのです。

つまり、ちょっとだけでいいので、個人個人が「利他的な行動」を意識することが、住みよい社会をつくるということです。

## その「権利」はなんのため、誰のためにあるのか

医療保険を使って病院を受診するのは、国民の当然の権利です。それは責められるものではありません。でも「誰でも自分の権利を行使するべきだ」と、深く考えずに自分の都合だけ考えて行動していると、私たちの社会は、どんどん住みにくくなっていくのです。

私は昔、女性に関わる会議で聞いたスピーチを思い出します。

If we will not advocate for our rights,who will advocate for us.
But if we advocate for only our right,
Who we are?

もし女性たち自身が女性の権利を主張しなかったら、誰が私たちに代わって女性の権利を主張してくれるだろう。しかし、もし女性が自分の権利だけを主張していたら、私たちは何者なのだろうか？

「なんのための、誰のための権利かを考えず、ただ自分の権利だけを主張すると利己主義者に過ぎなくなる」

という意味です。とても印象的な言葉でした。

日本で、世界で、自分の利益だけ、自分の企業の利益だけを追求し、ほかの人のことを考慮しないとどんどん紛争が増えていきます。利他的に周囲のことを考えないと、私たちの社会が維持できなくなるのではないでしょうか。

## 「新しい社会」に求められる利他の心

昭和三〇年代から日本では経済成長が本格的にはじまり、それまでの農業中心社会が急速に転換して産業化が進みました。それまでの血縁、地縁が薄まり職場中心の「社縁社会」となりました。

ところがバブル崩壊後、社員より株主の利益を大事にするという誤ったアメリカ的経営の影響で、社員を大事にしてきた「日本的経営」は資本主義のルールを外れていると批判されました。「業績主義」「成果主義」が叫ばれ、倒産、統合、M＆Aで雇用を失う人も増えました。「社縁」すらも頼りにならなくなったのです。

会社も家族も地域も人の暮らしを支える力を失ってきたのに、それに代わる新しい縁が生まれてこないのが問題です。

このまま「無縁社会化」が進んでいくと、日本社会はいったいどうなってしまうのでしょうか。

かつては、育児中のお母さんを助けて幼い子どもを支えてあげるのは、親兄弟の血縁者や地域に住む人たちの役割でした。

いまはその代わりに地方自治体が介護や育児のサポートを期待されるようになり、保育所は急速に増えました。

しかし行政も財政的制約があるなかで、すべてのリクエストには応えきれないし、細かなところまでフォローしきれません。「ワンオペ子育て」とか「孤育て」といわれています。

そこを肩代わりするのが民間企業が提供するサービスですが、当然、個人が費用を負担しなければなりません。

現実には、利用できるのは経済力のある人だけという状況です。経済力が不十分な場合はどうするか、生活保護を受けるほどの貧しさなら、行政がカバーしてくれるのですが、〝中途半端〟に困窮している程度だと、誰の助けも期待できないというのが現状です。

## 利他的な行動が、自分をもっとも輝かせてくれる

介護の問題でも、子どもが親の面倒を見たい気持ちがあっても、時間的にも経済的にも余力がないのです。

親も「子どもに迷惑をかけてはいけない」と願います。配偶者も高齢で弱っていたり、あるいは離・死別したりしているので頼りになりません。血縁だけでは支えられなくなったのが現代の無縁社会の背景なのです。

「誰の世話にもならない」「自分のことは自分で始末するんだ」と〝新しい生き方・死に方〟を語る人がいますが、本当にそのとおりにできるのか、あるいは、それが自由で自立した人生になるのか、私は少し疑問に感じます。

「自分は誰の世話にもならないから、誰の世話もしない」「職場でも気の合わない人とはつきあわない」「親類や家族なんて、しがらみにすぎないから遠ざかる」……こ

れが自由で自立した理想の人生なのでしょうか。

自分の好きなようにする、自分の欲望を満たすだけでは、私には〝孤立した人生〟だとしか思えず、さびしいなと思います。


自分の欲望の充足を追い求める、自分の好きなことをする、自分だけは成功するという利己心を追求し、「自己実現」の意識だけでは、人は幸せになれません。

何度もいいますが、「社会や人に役立ったと感謝されるほうが自己実現より満足感が高い」のです。一歩すすんで節制、思慮、勇気などの「徳」を身につけることが真の幸福をもたらすのです。

せっかくこの世に生を受けたのに、利己心にとらわれるまま自分のためだけに生きるのはもったいないと思います。

自分の行為が少しでも人の役に立つ、社会をよくするというのが、一番手ごたえのある生き方なのだと思うのです。


「利他心」――人の役に立つための行ないは、結果として自分に最大の満足感を与え、社会を温かくします。

利他的な行動が、もっとも自分を、人生を輝かせてくれるのです。肩に力を入れない程度に、できる範囲で利他的な行動をする人たちが増えることが、いまのような無縁社会に血を通わせ、新しい「縁」を生む力になる。私はそう信じています。

と重なります。

「利他」というのは最近注目されている言葉であり、考え方ですが、それは与えることと重なります。

人間というのは利己的な存在なのか、利他的な存在であるのか、それは長い間、哲学者や思想家の議論の的でした。しかし自分の欲望を満たすことだけを目指していては自分が不幸になり、争いが起こるというのはギリシア哲学からカントに至るまで共通の認識です。

多くの宗教も自分の利益だけを追求するのを戒めています。キリスト教は隣人愛、イスラム教は同胞愛を行なうよう強調し、仏教も布施という修行のひとつとして利他を挙げています。

現在の私たちの社会を形成する原理のひとつとなっている資本主義も、もともとキリスト教の倫理的制約の厳しいプロテスタントから生まれたものです。マックスウェーバーによれば初期の資本主義の担い手たちはキリストの説く隣人愛を貫くために厳しい倫理規範を守り、労働を尊び、産業活動で得た利益を社会の発展のために生かすことを目指していました。己の欲望を律する厳しい倫理を守るとともに、社会のため公益のために利益を使うことを義務としていました。大金持ちになって自分の好きに暮らそうとは思っていなかったのです。

一八世紀に活躍し、現在の資本主義の思想的、理論的支柱となって「経済学の父」と呼ばれているのが、アダム・スミスです。

彼は有名な『国富論』のなかで、個人個人がそれぞれの得意とする社会的分業で得た財やサービスを自由な市場で交換することで「神の見えざる手」によって国（社会）全体の富を増大することができる、と説いています。自由競争を推奨し、政府の規制を排しているのですが彼には国富論のほかに『道徳感情論』という重要な著作があります。

ここで彼は、社会に豊かさをもたらすには「相手の立場に立ったときに自分がどう感じるか」と考えることが大事であり、その重要さを「共感」という言葉で説いています。スミスは、支援の交換や贈り物の交換にあたって、相手にとって何が価値のあるものかを受ける立場で考えることにより交換が最大の互恵性を生み出す、と考えていたのです。相手の立場に立って考えるというのは利他的行動の基本です。

スミスの影響を受けている経済学者は多数いますが、二〇世紀になってイギリス出身のアメリカの経済学者ケネス・ボールディングは、送り手にとって小さなコストでも相手にとって大きなベネフィット（福利）をもたらす行為が「合理的利他主義」で、それの積み重ねが社会全体を富ませる、といっています。

最近ではフランスの経済学者・思想家のジャック・アタリが、パンデミックや地球環境問題を乗り越えるためには合理的な利己主義が必要である、と主張しています。「利他主義とは合理的な利己主義にほかならない」――他者を利することが結果として自分を利することになる。これは日本で昔からいわれてきた「情けは人のためならず」という考え方に共通するものですが、利他主義を利己主義と対立させるいままでの議論に新しい見方を提供しています。この彼の考え方は私がこの本で書いたこととかなり重なります。

合理的利他主義をさらに推し進めて「効果的利他主義」という主張もあります。

これはピーター・シンガーというオーストラリア出身の哲学者の主張ですが、「私たちは自分にできる一番たくさんのいいことをしなければならない」という考え方です。最大多数の最大幸福のために、自分の個人的な感情、たとえば身近な人への共感などに惑わされず、理性的に考え行動すべきである、自分の行なったことが数値で測れる最大の効果をもたらす利他的行為をするべきだ、と主張しています。たとえばボランティアをするより、株で儲けてそのお金で多くの人を助けるほうが効果が大きい、というのです。やや極端な考え方ですが欧米の知的な若い人たちに影響を与えています。


利他主義は欧米のキリスト教国だけの考え方ではありません。

日本でも江戸時代に心学の祖である石田梅岩（ばいがん）が「利を求めるに道あり」「自利利他」精神が商人に必要といっています。買い手よし、売り手よし、世間よしという「三方よし」の教えは、現代のステークホルダー資本主義（株主の利益を図るだけでなく、従業員や顧客や地域などすべての関係者の利益を図る）にも通じる考え方で、合理的利他主義の考え方と重なるところがあります。

日本の企業の多くは一九九〇年代のバブルのあとは終身雇用、企業内教育の「日本的経営」や株式の持ち合いによる安定的な経営に自信を失い、コスト削減を図り「研究開発投資」「人への投資」を怠ってきました。

しかし、ようやく最近では、日本のビジネス界でも稲盛和夫さんのような利他の心をもって事業を行なうのが成功の秘訣だと強調される方が支持を集めています。自分が利益を上げることだけを目指す事業は成功しないが、人の幸せを願って能力と熱意を振り絞って行なう事業は成功する――と。

話は変わりますが、日本人は、自分たちはまわりの人に親切で優しい人が多いと思っていますが、「世界人助け指数」によると、日本は一四三か国中、一三九位だそうです。これはチャリティー機関「チャリティーズ・エイド・ファンデーション（CAF）」が世界の国々の人助け度をランク付けした二〇二三年の報告書「World Giving Index（世界人助け指数）」の結果です。
このCAFの調査は「ボランティアをする」「寄付をする」「見知らぬ人を助ける」

の三つの指標で計測しています。日本人は、前二者の割合も低いですが、「見知らぬ人を助ける」が特に低くなっています。

おそらく日本人は家族や同じ会社の人などウチの人には礼儀正しく、助け合い、優しいのに、ソトの人はそうした関わりの対象外と考えているからでしょう。世話になった人にはお返しをする、将来助け合うかもしれない人には親切にするが、見知らぬ他人には無関心の人が多いのです。

とはいえ、最近では若い人たちの間で、クラウドファンディングによる寄付も広がってきました。知らない人に寄付したり、ボランティアをする行動は一般的にはまだ根づいていませんが、これから広がる可能性があります。

こうした過渡期にある日本社会でいきなり「見知らぬ人を助けよう」と利他主義を叫んでも、違和感を持たれたり反発されたりするだけでなかなか定着しません。

内と外との境界を柔らかく超えるにはどうすればよいか。

それがこの本で強調している「与える」ことです。

まずは縁のある人、共感できる人によかれと思って行動する、自分のモノやお金や時間だけでなく、経験や情報を与える、それがゆるやかな利他主義の実践につながるのではないかと思います。

「自分は与える力を持っていない」と思い込んでいる人も、じつは多くの「与える力」を持っているのに気づいてほしいと思います。

こうした与える行動を広げることで自分がいい気持ちになるだけでなく、「情けは人のためならず」で、社会や地球環境にもいい影響を与えて自分に返ってくるのではないでしょうか。それを心から願ってこの本を書きました。

最後になりましたが、この本の企画からサポートしてくださった竹石健さん、そしていつも私を支えてくださっている川崎由香里さん、この人たちの「与える力」によって、この本を書くことができました。ありがとうございます。

二〇二四年　早春

坂東眞理子

与える人
「小さな利他」で幸福の種をまく

著　者——坂東眞理子（ばんどう・まりこ）

発行者——押鐘太陽

発行所——株式会社三笠書房

〒102-0072 東京都千代田区飯田橋3-3-1
電話：(03)5226-5734（営業部）
：(03)5226-5731（編集部）
https://www.mikasashobo.co.jp

印　刷——誠宏印刷

製　本——若林製本工場

ISBN978-4-8379-2983-3 C0030